PRINSE DE TEROUANE

ET

HEDIN

Se vend

CHEZ LÉON TECHENER, LIBRAIRE

52, RUE DE L'ARBRE-SEC

A PARIS

1874

Brief et vray Récit

DE

LA PRINSE

DE

TEROUANE

ET HEDIN

Avec la Bataille faite à Renty

1553-1554

PAR

JACQUES BASILIC MARCHET

Seigneur de Samos

EN LATIN ET EN FRANÇAIS

Suivant les éditions imprimées

A ANVERS

1555

RÉIMPRESSION DÉDIÉE

A LA

SOCIÉTÉ DES ANTIQUAIRES DE LA MORINIE

par

FÉLIX LE SERGEANT DE MONNECOVE,

Membre titulaire de cette Société.

1874

’OUVRAGE que nous
réimprimons aujour-
d’hui a été écrit en latin
par Jacques-Baſilic
Marchet, véritable ca-
pitaine d’aventures, d’origine grecque, qui s’était mis au ſervice de
Charles-Quint, & fut ainſi témoin
oculaire des événements qu’il raconte;
Jean Bellère imprima cette relation
à Anvers, en 1555, & la même année,
Chriſtophe Plantin en publia une traduction françaiſe.

Le père Lelong, dans la *Bibliothèque hiſtorique de la France* (tome II,

p. 228), parlant de Jacques-Bafilic Marchet, dit que « cet auteur, après avoir mené une vie vagabonde, fe fit reconnaître pour Vaivode de Valaquie, & fut affaffiné par fes fujets, le 5 novembre 1563, un peu moins de deux ans après qu'il fe fut rendu maître de cette principauté. »

Quant au livre lui-même, le *Manuel du Libraire & de l'Amateur de livres,* par Brunet, s'exprime ainfi : « Marchet ou Marcheti (Jacques-Bafilic). Récit de la prife de Térouane & Hedin, avec la bataille de Renti, & des exploits militaires faits depuis deux ans entre les Impériaux & les Français, traduit du latin. Anvers, Chriftophe Plantin, 1555, petit in-8°.

« Opufcule plus rare encore que le texte latin, fous le titre fui-vant :

« *De Morini quod Terouanam vo-*

cant, atque Hedini expugnatione, deque prælio apud Rentiacum, & omnibus ad hunc ufque diem vario eventu inter Cæfarianos & Gallos geſtis, brevis & vera narratio. Antverpiæ, Joannes Bellerus, 1555, petit in-8°. »

MM. Ruelens & de Backer, auteurs des *Annales Plantiniennes,* publiées de 1858 à 1865, dans le *Bulletin du Bibliophile belge,* & tirées à part à Bruxelles, en 1866, par les foins de M. Heuffner, éditeur, n'ont pas connu la traduction françaife & ne la mentionnent pas dans leur travail.

Bien que la Bibliothèque de Paris ne poſſède pas l'ouvrage original en latin, nous ne croyons pas qu'il foit très-rare ; la Bibliothèque de Bruxelles en renferme deux exemplaires ; nous pourrions en fignaler pluſieurs dans les collections des

bibliophiles artéfiens, & cette réim-
preffion eft faite d'après l'exemplaire qui nous appartient.

Nous ne connaiffons qu'un exemplaire de la traduction françaife,
c'eft celui de la Bibliothèque de
Paris, qui a fervi pour cette réim-
preffion ; les bibliothèques de Belgique & de Hollande ne la renferment
pas, & nous ne l'avons pas trouvée
dans celle de Berlin ; on peut donc,
à notre avis, la tenir pour rariffime.

La réimpreffion du texte latin &
de la traduction françaife, que nous
donnons aujourd'hui, préfente par
conféquent un intérêt réel, & nous
efpérons que ce récit, émanant d'un
auteur contemporain, & concernant
trois grands faits de guerre accom-
plis dans le nord de la France, fera
favorablement accueilli par nos com-
patriotes.

Nous croyons devoir le dédier à la Société favante qui a eu l'honneur de rechercher, de conferver & de mettre en lumière les monuments de l'hiftoire de la Morinie. Ceux de fes membres qui ont écrit fur les événements dont notre pays fut le théâtre au xvie fiècle citent l'ouvrage de J.-B. Marchet, fans lui donner toutefois plus d'importance qu'il n'en mérite. L'auteur eft trop perfonnel & trop partial pour prétendre au titre d'hiftorien, mais il a vu les lieux & les chofes dont il parle, & cette circonftance rend fon récit intéreffant.

Thérouanne fuccomba le 20 juin 1553, Hefdin fut pris le 18 juillet 1553, & la bataille de Renty fut livrée le 13 août 1554. Nous écrivons ces lignes le jour anniverfaire du défaftre qui emporta la cité des Morins, à

l'endroit même où font encore vifi-
bles aujourd'hui les traces de la
cruelle victoire des Germains du
XVIᵉ fiècle.

Félix le Sergeant de Monnecove,
membre titulaire de la Société des
Antiquaires de la Morinie.

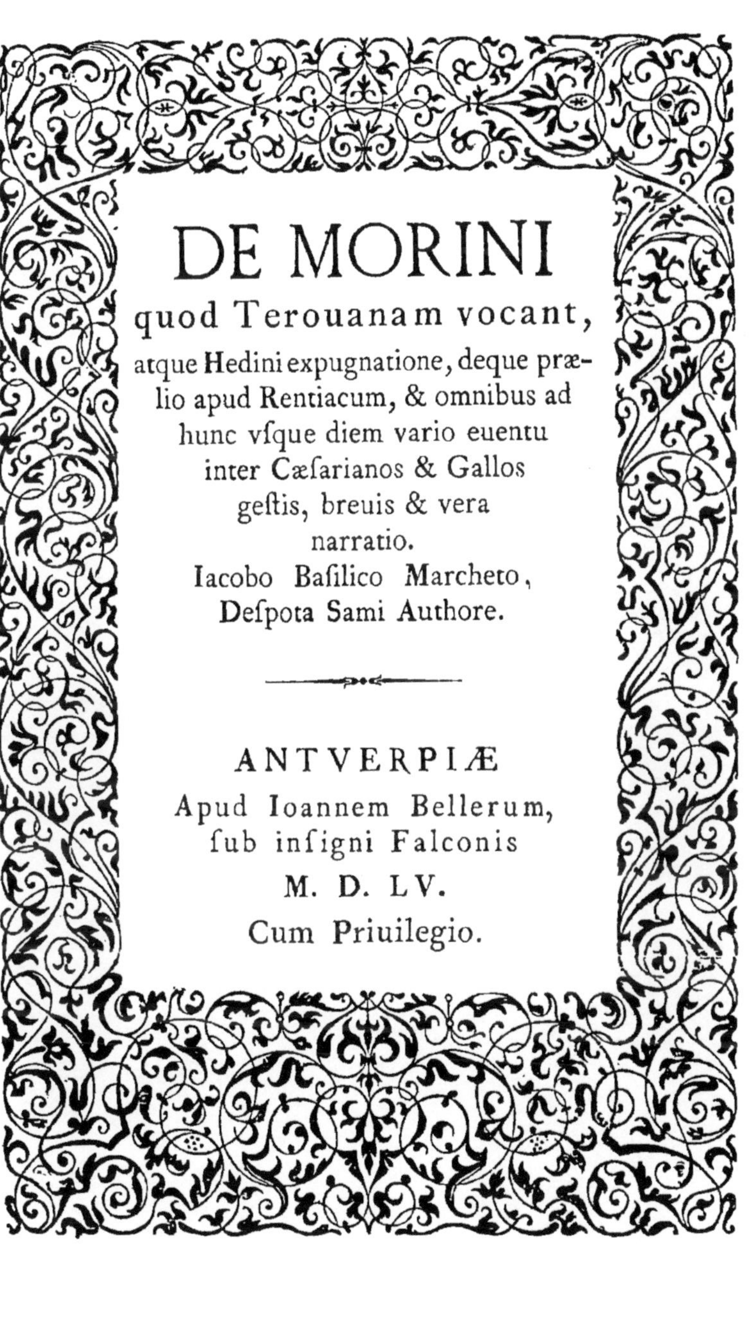

DE MORINI

quod Terouanam vocant,
atque Hedini expugnatione, deque prælio apud Rentiacum, & omnibus ad
hunc vſque diem vario euentu
inter Cæſarianos & Gallos
geſtis, breuis & vera
narratio.
Iacobo Baſilico Marcheto,
Deſpota Sami Authore.

ANTVERPIÆ

Apud Ioannem Bellerum,
ſub inſigni Falconis

M. D. LV.

Cum Priuilegio.

Ne quis hoc opufculum
præter Ioannem Bellerum in Cæfaris
dominio imprimat, alibiúe impreſſum
intra biennium inter promercales habeat, Cæfarea fanctione cautum eft.
Antuerpiæ, xxviii. Februarii. 1554.
ftilo Brabantico.

DE MORINI QVOD

Terouanam vocant, atque Hedini ex-
pugnatione, deque prælio apud
Rentiacum, & omnibus ad
hunc vsque diem vario
euentu inter Cæsaria-
nos & Gallos gestis,
elegans & festiuus
dialogus.

HERCVLES & NESTOR.

ONGUM *iam temporis spa-*
cium, ô Nestor, vnà in
beatorum insulis habita-
mus, ab iis molestiis vo-
luptatibusque quibus est
obnoxia hominum vita remoti sumus :

*ſpe fore, vt aliquando noſter is labor,
non præſentibus modò hominibus, ſed
poſteris quoque non ingratus videatur.
Sunt quidem magni nominis ſcriptores,
qui hæc quandoque & luculentius, &
maiori eloquentiæ laude ſint monu-
mentis literarum conſignaturi : ſed quibus (quod vitium latiſſimè ſemper patuit)
non tam exactè & verè, quàm eloquenter
& præclarè ſcribendi gloria quæſita ſit.
Quod cùm nobis minus præſtare licuerit,
in eo maximè duximus nobis elaborandum,
vt quod plurimi ſemper fieri debet, noſtram fidem facilè cuiuis probaremus, qui
magis cognoſcendæ veritatis ſtudio, quàm
lenocinio & ſplendore inani orationis
ducerentur. Quicquid ſanè hoc ſit, inſi-
gne certe mei in Cæſarem ſtudij & deuo-
tionis monumentum, tibi, Rex potentiſ-
ſime, atque adeò illius non minus virtutis
quàm gloriæ & potentiæ hæredi, dican-
dum cenſui. Neque verò firmiore præſidio niti nomen noſtrum poterat aduerſus
obtrectatorum calumnias, quàm ſi tanti*

*Regis authoritate, & adeò præclarè de
Chriſtiana religione meriti, hæc noſtra
edenda in lucem curarem. Quod quidem
cuius ſuſcepti à me laboris ſit futurum
præmium ampliſſimum, ita hilari
ac læto animo accipiam, vt
eodem præſidio tectus,
ſperem me quandoque
maiora aggreſ-
ſurum.
Vale.*

PHILIPPO,

Angliæ, Franciæ, Neapolifque
Regi, Fidei defenfori,
Hifpaniarum Principi
longè potentiss. &c.
Iacobus Bafilicus
Marchetus
S. D. P.

*VÆ CAROLVS. V.
Cæfar Auguftus anno
fuperiore maxima cum
gloria in Morinis geſſit,
quibus quidem rebus ge-
rendis omnibus in-*
terfui, conſtitui literis mandare : ſumma

nunquam tamen tantam, atque hoc tempore, illuſtrium animaru mmultitudinem, atque adeò tam confertim ad nos confluxiſſe recordor : fortè quòd viuentium aliqui, noſtra veſtigia ſequentes, pro patria, pro liberis, pro aris & focis prælia faciunt, atque hac ratione alter alterius animam demittit ad Orcum : tu tuum de ea re iudicium, quæſo, mihi exponas.

NESTOR. Ne mireris, ô Rex, tam frequentes modò aduentare animas : tanta enim, tamque acria nunc inter ſuperos fiunt prælia, quanta nunquam nec in Aſia, nec in Africa, nec in Europa, à maioribus vnquam ſunt animaduerſa. HERCULES. Inueniuntur ne inter homines hac tempeſtate tot ac tanti heroes, quot quantoſue noſtra tulit ætas, eorum emulati virtutem & fortitudinem, qui tam magna prælia committant?

NEST. Immo, illi quidem permulti.

HERC. Ego per Iouem poſt noſtros illos Heroas nullum tanta præſtantia inter homines eſſe putabam.

NEST. Cùm multi fuerint poſt noſtrum ſæculum, ô Hercules, qui maximas
& præclaras res geſſerunt, tum verò hac
tempeſtate vir eſt ſuperiorum omnium
æquè & feliciſſimus & potentiſſimus, qui
haud dubio à noſtris originem ducit,
& videtur illis eſſe æquandus : Carolum
Quintum Imperatorem Rom. appellant,
cuius Imperium latè patet in omnes orbis
terrarum partes, cuiuſque potentia tanta
eſt, vt non ſolùm Germaniæ, Hiſpaniæ,
Italiæ, Siciliæ, Neapoli regnis, Galliæ
Belgicæ, totique Africæ, cæteriſque
Inſulis, quarum non eſt numerus, nota
ſit : verùm etiam ad extremas Occidentales vſque Indias, nullis ſeculis antè
cognitas, virtute, fortitudine, & fortuna
illius inueſtigatas, protendatur. Caroli,
inquam, huius Quinti virtus & felicitas,
maiorum noſtrorum virtutem non ſolùm
æquat, ſed etiam longè exſuperat & an-
tecellit. Cuius præclara geſta à primis
annis ad hæc vſque tempora, ſi enume-
randa à me tibi ſint, vix ſeculum

2

nobis fufficiat : illa tamen quæ duobus ab hinc annis ab illo plus quam humano ingenio gefta effe audio, te ignorare nolo. HERC. Quis nam tibi hæc?

NEST. Signifer quidam equitum, (atros quos vocant) qui nuper admodum Cameraci accepto vulnere è viuis difceffit : is omnia Heroi illi Adriano Croio Rutij Comiti interroganti de Terouana inclita & munitiffima Morinorum Metropoli, cùm ipfe adeffem enarrauit. HERC. O Neftor, per Iouem te oro, ea quæ retulit in medium proferas.

NEST. Ille quidem omnia hæc : Terouanam vrbem paucis ab hinc annis arctiffimè obfeffam, nullo ingenio, nulla arte expugnatam, nuper tamen ab exercitu huius inuictiffimi Principis, cuius modò mentionem feceram, obfidione cinctam fuiffe, tormentis bellicis propugnacula difiecta, quibus malis nihilò magis illam terrefactam, primum impetum & oppugnationem fortiter fufti-

nuiſſe, adeò vt foſſæ propugnatorum ſanguine maduerint.

Cæterum aduentante Philiberto Pe-demontanorum Principe, altero velut Achille, tantam inter Gallos in vrbe obortam fuiſſe trepidationem, vt abieɗis armis, portiſque apertis, ſupplices per mœnia & aggeres manus porrigentes, certatim ſe ſuaque hoſtibus dederent : atque ita Cæſariani vrbe potiti, quam-primùm propugnacula, mœnia, omniaque totius vrbis ædificia iuſſu inuiɗiſſimi Imperatoris diruerunt, & ſolo adæqua-runt, adeò vt veriſſimè dicere poſſis :

Nunc ſeges eſt vbi Morinum, reſecandaque, falce
Luxuriat Franco ſanguine pinguis humus.

Exercitum deinde verſus Hedinum, cuius arcem adeò Galli communierant, reliɗis in præſidio leɗiſſimis militibus & magni nominis ac nobilitatis viris, vt inexpugnabilem crederent, traduɗum fuiſſe. HERC. Captumne eſt ab exercitu Cæſarianorum Hedinum Gallorum ſpes,

in quo tam fortes & ſtrenui Heroes mili-
tarunt?

NEST. Imò, audi obſecro : dum
bellicoſiſſimus Pedemontanus Princeps,
totius exercitus Cæſariani Imperator,
dies noctesque tormentis bellicis, actis
cuniculis, aliiſque miris modis propu-
gnacula deiiceret & introitum pararet,
Galli in Hedino non minus quàm Teroua-
nenſes perterrefacti, amplius pugnare,
militum robur experiri, & extrema
perpeti nolentes, arcem ſemidirutam
hoſtibus tradiderunt. Inter oppugnan-
dum nobiliſſimus eques ille Horatius
Farneſius in vallo ſtans, plumbea ſphæ-
rula ictus è viuis ſublatus eſt. Arx mili-
tum Cæſarianorum opera eſt ſolo adæ-
quata. Nobiles captiui, ſiqui aderant,
in Flandriam ducti ſunt : inter quos vnus
è Magiſtris equitum Galliæ, dictus à
Marchia, Bulloniæ Dux, fuit. Hæc victo-
ria tantam in vniuerſa Gallia excitauit
trepidationem, vt Pariſienſium permulti,
relicta vrbe fuga ſibi proſpexerint.

HERC. Quid Gallorum Rex, cùm in tanta animi conſternatione ſuos eſſe videret ?

NEST. Numeroſiſſimum illico conſcripſit exercitum, impediturus ne Cæſariani ad interiora regni caſtra mouerent, Pariſienſiumque animos, (quod ne cogitauerant quidem) vt nouiſſimè euenit, denuò conſternarent. Verùm animaduertens Cæſarianos numero exiguo Dorlanum prætereuntes Hannoniam petere, confligendum cum illis data occaſione duxit. Cæſariani cognito Regis conſilio ad Valencenas pulcherrimam & munitam vrbem, licet numero pauciores, animo tamen pares, commiſſuri prælium in planicie Regem aduentantem expeċtarunt.

Cæſar eodem fermè temporis veſtigio ciuitatem ingreſſus eſt. Gallus cùm Carolum tantum Imperatorem, tui, ô Hercules, æmulum, monſtrorumque domitorem, adeſſe intelligeret; illico deſpondit animum, acceptaque à tormentis bellicis & equitibus Cæſarianis maxima clade, reliĉis hoſtibus tota noĉe fugiendo ſe in Galliam recepit, innumeris in fuga amiſſis. HERC. *Rediit ne Gallus inſtauratis aut reparatis ex interuallo viribus, coaĉiſque iis qui fuga ſuperfuerunt? Vir ſiquidem fugiens denuo pugnat ; vt in vulgari eſt prouerbio.*

NEST. *Sub principium hyemis, cùm Cæſaris copias in hybernis hinc inde diſſipatas intelligeret, comparato exercitu hæreditarias Caroli Cæſaris prouincias ingreſſus, multis fœdè igne vaſtatis, haud mediocre damnum intulit.* HERC. *Potuit ne Carolus tantus Imperator, æquis auribus de tanto ſuorum excidio nuncios audire?* NEST. *Minimè ille quidem diu paſſus eſt hæc à Gallo fieri impunè : ſed recedente tandem Rege circa Aquarij heliacum ortum, coaĉis ipſe in vnum copiis, quas tum in hybernis diſperſas habebat, Galliam ingreſſus, ferro & igne longè latèque per quatuordecim dierum ſpacium omnia vaſtauit, Regemque maiore longè clade affecit : quo*

peraĉto ad vetera hyberna militem re-
duxit. HERC. Per Iouem, maxima inter
viuentes hac tempeſtate geri, multa in-
ſuper de fortiſſimo hoc Imperatore audio:
ſed quid hoc anno acciderit, cùm tota
hiſtoriæ ſeries tibi nota ſit, quæſo mihi
exponas. NEST. Neque verò quis facilè
poſſit præclara huius anni Cæſaris geſta,
breuibus enarrare : tamen cùm id ex me
ſcire deſideres, quæ pluribus eſſe com-
perta potuerunt, ſicuti a ſigniſero accepi,
diĉturus ſum.

HERCVLES. Obſecro.

NESTOR. Gallus inuiĉtiſſimum Im-
peratorem arduis negotiis occupatum
ſciens, conſcripto maximo exercitu re-
giones illas quæ in eius ditione ſunt
rurſus de improuiſo aggreditur, ac
Marieburgo, ſiue de proditione aĉtum
anteà ſit, ſiue id præfeĉti ſocordia acci-
derit, integro muro apertis illi portis
ingreſſus eſt. Hoc oppidum ſuperioribus
annis, Sereniſſima Maria Vngariæ &
Bohemiæ Regina exſtruxerat. Hinc ad

*Dionantum impoſitis Marieburgo præ-
ſidiis caſtra traduxit, maximoque impetu dies noctesque ſine intermiſſione
tormentis bellicis introitum parans, arcem oppugnauit : biſque per vim ingredi
conatus maxima ſuorum iactura retroce-
dere coactus eſt. Tandem cùm Leodienſes
& pauci aliquot Hiſpani arcis præſidio
relicti, ac viribus deſtituti, Ruynas arcis
ex bombardarum aſſidua iaculatione
impetum diutius ſuſtinere non poſſent,
arcem certis conditionibus (quibus tamen
Galli non ſtetere) hoſtibus tradiderunt : ea
poſtridie diruta, Dionantum & Bouinia
oppida ad vtramque Moſæ ripam ſita,
exuſta ſunt : horum alterum Cæſari,
alterum Epiſcopo Leodienſi paret.
HERC. Quid Cæſar, cùm Gallum in
prouincias ſuas ingreſſum videret ?*

    *NEST. Numeroſum quamprimum circa
Namurcum exercitum collegit adue-
niente illo etiam illuſtri & generoſiſſimo
Gunthero Suarʒburgenſi Comite cum
mille atris equitibus, ſuprà quàm dici*

*poteſt bene inſtructis. Gallus audiens
Cæſarem, licet exiguum, viris tamen for-
tiſſimis inſtructum habere exercitum,
deliberatoque committendi prælium eſſe
animo, robur peditum & equitum Cæſarianorum non experiendum eſſe ducens,
fuga ſibi conſuluit, atque in Galliam ſe
recepit, obuia quæque in itinere igne
deuaſtans : inter cætera Bincium, quòd eo
loco ſereniſſima Regina Maria ſuas ædes
haberet, exuſſit : & Marimontium quoque
& hortos ſuo ac nobilium ſuorum enſe
turpiter vaſtauit : quanquam maxima
tum in exercitu Gallorum frumenti alia-
rumque rerum eſſet penuria. Cæſar me-
mor generis, virtutis, atque priſtinæ ſuæ
dignitatis, fortunam belli tentare ſta-
tuens, illum maximis itineribus inſecutus ad Rentiacum arcem in Morinis
ſitam, quam fruſtra ille obſidens per-
petua ſphærularum miſſilium eiacula-
tione ſe facilè expugnaturum ſperauerat,
offendit : caſtraque Cæſar ex aduerſo
hoſtilis exercitus ad quartam miliaris*

partem collocauit. Admirabilis in dif-
tribuendis caftris induftria & peritia
Beniecurtij Herois, & Ioannis Baptiftæ
Gaftaldi tum perfpecta eft. HERC. Com-
miffumne eft ibi prælium? NEST. Mi-
nimè : locus enim propter montes, faltus,
& fubiectas valles planè fuit incommodus.
HERC. Quid igitur vtrinque geftum
eft ?

NEST. Gallus fine intermiffione ma-
gnam tormentorum vim in arcis propu-
gnacula iaciebat. Cæfar contrà alterum
ex collibus, in cuius decliuitate faltus
erat, in quo Gallus infidias collocarat,
omnibus modis occupandum duxit :
quamobrem altero ex quo ifthic ventum
erat die, traductis omnibus in planitiem
copiis, inftructoque pro loci ratione
agmine, tumultuariam ex Germanis &
Hifpanis fclopetariis peditibus phalan-
gem, pro alterius collis faltui vicini
occupatione certaturam præmifit : quibus
pauciffimi admodum adiuncti erant
grauioris armaturæ equites, qui illos ab

*irruptione Gallorum equitum à tergo ſi
opus foret, tuerentur. Diſpoſitis in collis
ſummitate maioribus aliquot machinis,
longo temporis ſpacio fortuna ancipiti
nullis referre pedem volentibus vtrinque
atrociter pugnatum eſt : robur tandem &
militum Cæſarianorum virtus, Gallos ce-
dere, ac per ſaltum fuga ſibi proſpicere
coegit. Perierunt in hoc confliĉtu innu-
meri ex Gallorum peditatu, ſtrenui ſanè
milites, quorum cadaueribus refertum
paſſim ſaltum cernere licebat. Perſpeĉta
hìc fuit inter cætera clariſſimi illius &
generoſiſſimi Guntheri Suartʒburgij Comitis virtus, qui cum viginti grauioris
armaturæ equitibus, audax & memoran-
dum facinus aggreſſus, ducentos amplius
ſclopetarios pedites Gallos ex fuga ſeſe
in collis ſummitate colligentes, faĉto repentè in illos impetu nullo è ſuis deſide-
rato, diſſipauit, atque fugæ paſſim mandare coëgit. Collis, ſæuientibus interim
Germanis & Hiſpanis in Gallos, diſſipatos,
occupatus eſt : quo faĉto trecenti atri*

èquites, quibus Suarʒburgenſis Comes
præerat, adiunɕa peditum Germanorum
phalange, eòdem traduɕi ſunt. Dum hæc
ita geruntur, tantus inter Gallos obortus
eſt pauor, vt reliɕis prorſus quibus arcem
oppugnabant machinis, planiciem vltra
ſaltum occuparint, ibique aciem qualem
metus & trepidatio permittebat, inſtruxe-
rint : Rege ipſo ſpeɕatore, qui in nouiſ-
ſima agminis parte albo equo conſpicuus
rei euentum exſpeɕabat. Parta hoc die
læta & incruenta viɕoria, magna Cæſarianorum gloria fuiſſet, aɕumque propè
de tota eſſet Gallia : niſi Sinon quidam
transfuga, hoſtibus iam fugientibus addi-
diſſet animum, faɕa fide trecentos tan-
tùm atros equites cum unica peditum phalange ſclopetariiſque nonullis peditibus
adeſſe, nullaque adhuc tormenta maiora
traduɕa : quare illi tentandam in Cæſarianos irruptionem, priuſquam totius
exercitus moles aduentans iis ſubſidio
eſſe poſſet : niſi rei bene gerendæ occaſione negleɕa, turpi fuga ſibi conſulen-

*dum duceret. Hoc audito animum Galli
quodammodo recuperarunt, deliberatoque
irruendi in fclopetarios qui longius pro-
ceſſerant animo, paululum prodiere. At
cùm* μεγαλοπρεπέστατος *Suarʒburgenſis ille
Comes, Gallum in fclopetarios irruptionem tentaturum profpiceret, trecentis
fuis equitibus pro loci ac temporis oppor-
tunitate inſtruɗis, aduolauit. Speɗaba-
tur in prima acie Comes Suarʒburgenſis,
cui dextram tegebat Baſilicus Marchetus
nobili apud Græcos loco ortus : finiſ-
tram verò, generofus Hugo à Schimberg;
multique alij Comites & Barones, virique
rei militaris peritia illuſtres fubfeque-
bantur. Ordinem Mauritius Fris vir for-
tiſſimus vnus prætergreſſus eſt : Galli
his viſis terrefacti, & metu torpentes
ſtetêre. Vt primum fe hoſtes confpeɗui
Suarʒburgenſis obtulerunt, repentè ille
faɗo in Gallos magno cum clamore impetu, in quadratum Gallorum equitum
agmen irruit, ſtrenuique militis & boni
Imperatoris officia exequens, diſſipatum*

*in fugam conuertit. Dixisses tum Iouis
fulmine tactos hostes : nam veluti mala
quæ iam maturuerunt ex arbore cadunt,
ita ab equis deiecti concidebant. His
cæsis ac fugatis, alia subitò Gallorum
turma in Suarzburgensis equites irruit,
quorum impetum non solùm fortiter sus-
tinuerunt, sed & illata maxima clade,
sicuti priores, terga vertere coëgerunt,
Rege turpem suorum fugam & stragem
cum toto exercitu spectante. Totus deinde
equitatus Gallicus vno impetu trecentos
Cæsarium equites adortus est, cuius vim
illi pugnando defessi, quippe quibus nec
puluerem tormentis admouendi spacium
daretur, sustinere diutius non potuerunt :
recipere igitur se, & per saltum saluti
suæ consulere coguntur. At Galli pedites nonnullos è Cæsarianis fœdè profli-
garunt, & collem denuo recuperarunt.
Quem si curribus, cæterisque id genus
impedimentis, pro ratione artis militaris,
aduersus Gallici equitatus irruptionem
communire studuissent, certa fuisset om--*

nium qui ibi aderant teſtimonio penes Cæſarianos eo die victoria. HERC. Fuerunt ne multi in illa pugna interfecti?

NEST. In hoc conflictu Gallorum quamplurimi cecidêre: tres verò inter cæteros, quorum loricæ auro, phaleræ holoſerico ſplendebant, manu Comitis Suarʒburgenſis interfecti ſunt. Ex atris equitibus quatuordecim aduerſis vulneribus concidêre, læſi verò ad vnum omnes priſtinam ſanitatem recuperarunt.

HERC. Subſequentibus diebus pugnatum ne poſtea eſt?

NEST. Minimè: imò virtutem atrorum equitum formidantes Galli, poſtridie eius diei nocte intempeſta obſidione arcis relicta, nullo tubarum tympanorumve excitato ſtrepitu, fugerunt: multiſque tormentis bellicis relictis ad interiora Galliæ ſe receperunt. Rex verò partem ſui exercitus miſſam fecit, partem in hybernis continuit. Cæſar illos nihilominus inſecutus, primò Auchiacum arcem (immiſſis aliquot maioribus è tor-

mentis *fphæris*) expugnauit : dein traie&o Somona, qui Picardiam ab *Artefia* diuidit, ad *Richerij fanum magnis itineribus contendit, omnique præfidio vacuum cepit & exuffit, omnibus in itinere longè latèque ad mœnia vfque Abbatifuillæ Pontiuorum vrbis igne fœdè vaftatis. His a&is veluti circino via in orbem fa&a, domum rediens, Dampetram arcem flumine & foffis munitam, aliaque oppida & arces inuadens, latè excitato incendio abfumpfit, ac traie&o iterum Somona, ad quartam à diruto Hedino miliaris partem, inexpugnabilem vrbem propugnaculis, valloque & foffis permunitam mira celeritate conftruxit & exædificauit.* HERC. *Quo nomine illa appellatur?* NEST. *Hedinfert.* HERC. *Fert nihil planè fignificare videtur : fortaffis Hedinfort dicitur.*

NEST. *Nullo modo : Fert enim fymbolum eft Philiberti Emanuelis Pedemontanorum Principis, quod quatuor literis conftans, perinde fignificat ac fi*

dixeris : Fortitudo Eius Rhodum Tenuit.
HERC. Num Galli ædificationem vrbis
impedire tentarunt, dum in perniciem
illorum exſtrueretur ?

NEST. Cæſariani equites dum vrbs
ædificaretur alternis fermè diebus circa
Monſtriolum & Dorlanum munita Picar-
diæ oppida excurrentes, Gallos intra
mœnia & parietes latitare coëgerunt.
HERC. Dimiſſæ ne ſunt ædificata vrbe
Cæſaris copiæ ?

NEST. Minimè : ſed impoſitis in no-
uam vrbem præſidiis, totus exercitus
Auchiacum reductus traiecto iterum flu-
mine Picardiam per alia loca ingreſſus
eſt, emenſoque eodem die ſeptem miliarium
itinere, Riu oppidulum præſidio Rheni-
grauij militum firmatum peruenit, per
medium velut ignem tranſire viſus, pagis
vtrinque ad quinque miliaria conflagran-
tibus, ad vnum diem quieti opera data
eſt : militibus Cæſarianis interim totam
oram maritimam vltra Riu depredan-
tibus & exurentibus. Aërem tum adeò

denſus ex conflagratione fumus oppleuit, vt ſole meridiano ſolito obſcuriore cœlum videri non potuerit. Poſt meridiem octo Gallorum equitum ſigna conſpecta fuere, quos Cœſariani equites dicto citius inſecuti, per tria miliaria perpetuo curſu, ad mœnia Abbatiſuillœ fugauere: tantus erat militum feruor pugnandique alacritas. Commendandus hoc loco venit Alfonſus Pimentelius Hiſpanica nobilitate illuſtris, qui prouocato ad monomachiam Gallo equite, virum ſe fortem & heroicum exhibuit. Poſtridie Ambianum Picardiœ Metropolim, Vulcano omnia in itinere depaſcente caſtra traducta ſunt. Ad Somonœ ripam conſtiterant Gallorum peditum & equitum aliquot cohortes, quò hoſtem à fluminis traiectu arcerent: quos adorti aliquot leuioris armaturœ Hiſpani equites, pugna velitari, illata maxima ſtrage trucidarunt, captis nonnullis in flumine natantibus. Hoc in conflictu Ludouicus ab Auila Alcantarenſis militiœ prœfectus, & Gar-

cias Tribunus militum in hoſtes pugnando
ſe viros fortes præſtitere. Poſtridie Cor-
beiam itum eſt : Ambiani interim crebra
tormentorum ex vrbe immiſſione Cæſarianos perſecuti ſunt, ſed nullam prorſus
illis cladem intulere. Hinc Enchrium
miles profeᵭus, arcem eiuſque turres
maioribus tormentis diſiecit : dein Ba-
palmam Arteſiæ propugnaculum peruen-
tum eſt : quo die in oppida, arces, & pa-
gos ſæuiri igne deſitum eſt. Ad Came-
racum altera copiarum pars exauthorata
eſt, altera in hyberna reduᭃa.

Hæc ſunt quæ de bello inter Carolum Cæſarem & Gallorum regem hac
tempeſtate geſto : à ſignifero accepi.
HERC. Faxit Jupiter, vt deuiᭃis ſu-
baᭃiſque hoſtibus, breui ille tandem læta
& incruenta potiatur viᭃoria : quam
conſecutus, non dubito quin Græciam
noſtram, quæ olim cum tradendo cæteris
gentibus præclaras artes, quibus animi
excoluntur, tum res maximas terra ma-
rique gerendo diu illuſtris habita eſt, à

barbarie & tyrannide Turcica, qua mul-
tis iam annis premitur, liberaturus fit.

· NEST. Idipfum mihi certè polliceor:
fingulari eft enim & religione & pietate,
ac ftudio quodam fummo cum miferos
calamitofofque homines protegendi, tum
eos qui iniufta tyrannide premuntur,
à fœda feruitute vindicandi : quod non
illi folùm eft peculiare, fed toti familiæ
proprium & innatum.

> *Fortes creantur fortibus & bonis.*
> *Eft in iuuencis, eft in equis patrum*
> *Virtus, nec imbellem feroces*
> *Progenerant aquilæ columbam.*

Hoc enim Tuneti fuperioribus annis
faditauit : nam fupra viginti Chriftia-
norum captiuorum millia vrbe expugnata
vno die à morte & Ænobarbi iugo cauer-
nis abditos vindicauit, quos quidem ad
vnum fe combufturos tyrannus commina-
tus effet. Vnum eft, ô Hercules, quod
filentio præteriri non poteft. HERC. Ob-
fecro te, ô Neftor, fiquid inter narrandum
omiffum fit, in medium proferas. Num &

in Italia eodem modo à Carolo Cæfare bella geruntur? NEST. Maximè : cinĉta eft. n. (enim) obfidione Senarum vetufta Hetruriæ vrbs, quòd à Cæfare deficiens partes Gallicas receptis in vrbem præfidiis fouerit. Magna Senenfes commeatus inopia premuntur, in quam cùm Galli frumentum confcripto exercitu non ita dudum inuehere procurarent, Marchio Marignanus, vir fumma fortitudine & præftantia Cæfarei ad Senas exercitus Imperator, accepta copiarum parte, hoftibus obuiam proceffit, inftruĉtaque acie breuem & elegantem, non quò verbis virtutem viris fortibus adderet, nec vt ex ignauo milite ftrenuum, aut fortem ex timido, fed quò illos priftinæ virtutis memores effe hortaretur, orationem habuit. Tum clamore maximo fignis infeftis vtrinque concurrunt, tela è tormentis mittunt, cominus res geritur, maxima vi certatur. Germani antiquæ virtutis non immemores, in aduerfos acriter inftitére, donec hoftibus partim cæfis, partim

fugatis, læta & optata victoria Cæfaria-
nus exercitus potitus eft, tametfi Gallis
numero longè inferior. Germani pedites
aduerfus Germanos & Heluetios cum
Gallo militantes dimicarunt, quibus vno
impetu profligatis, Hifpanis peditibus rem
fortiter gerentibus fuppetias tulerunt, tor-
mentorum crebram difplofionem tanquam
viri fortes contemnentes, fugatifque
Aquitanis & Italis victoriam Cæfari re-
tulerunt. Quanta fortitudine, quantoque
animi robore vtrinque dimicatum fit, ex
eo liquet, quòd quem quifque pugnando
locum fibi viuus delegerat, eum amiffa
vita corpore tegebat. Variè per omnem
exercitum inceffit militum animos lætitia,
quòd res præter fententiam Gallis
fucceffiffet. Hæc funt quæ ab
eodem fignifero accepi.

FINIS.

ΟΥΔΕΝ ΕΠΙΣΤΗΝΑΙ ΒΙΟΣ
ΣΧΕΘΛΙΟΤΑΤΟΣ.

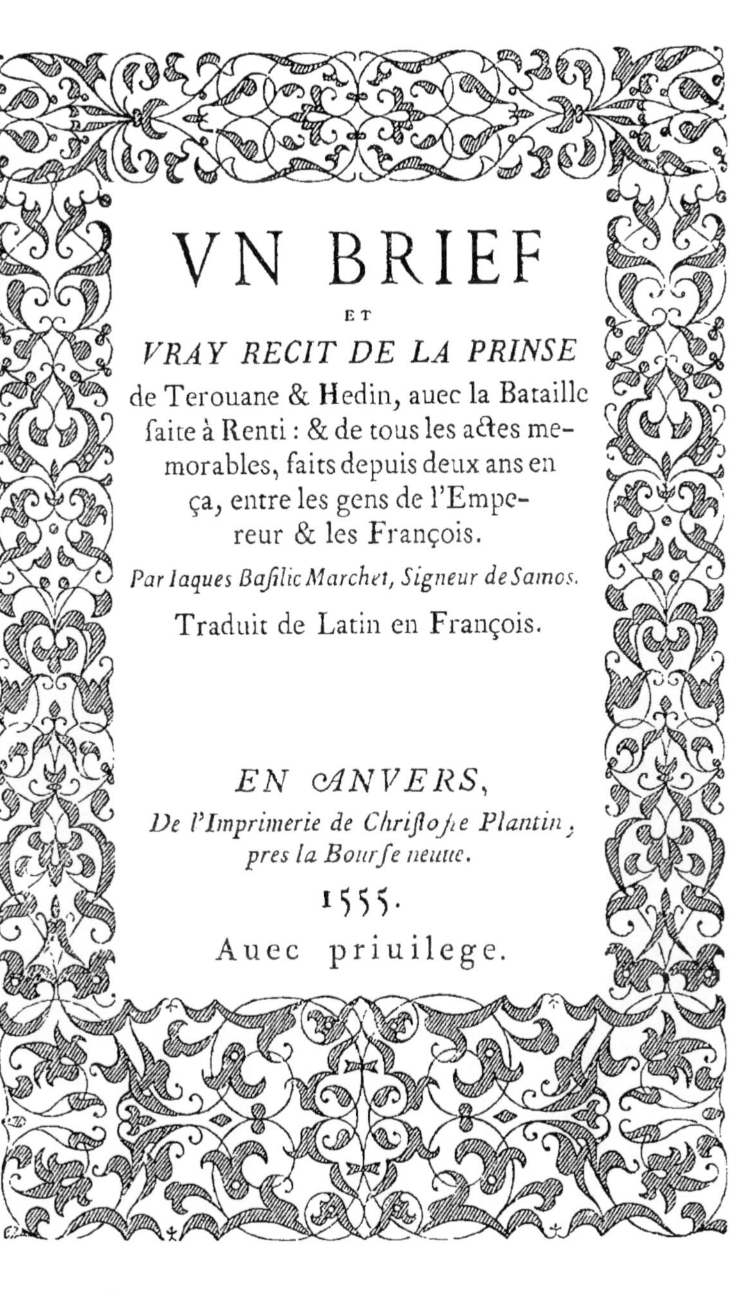

VN BRIEF

ET

VRAY RECIT DE LA PRINSE

de Terouane & Hedin, auec la Bataille
faite à Renti : & de tous les actes memorables, faits depuis deux ans en
ça, entre les gens de l'Empereur & les François.

Par Iaques Baſilic Marchet, Signeur de Samos.

Traduit de Latin en François.

EN ANVERS,

De l'Imprimerie de Chriſtoſhe Plantin,
pres la Bourſe neuue.

1555.

Auec priuilege.

AV TRES-PVISSANT

ROY PHILIPPE, ROY

d'Angleterre, de France, & de
Naples, Defenfeur de la Foy,
Prince d'Efpaigne, &c.
Iaques Bafilic
Marchet.

'AI entreprins rediger
par écrit, les chofes que
l'Empereur Charles V.
a vaillamment faittes
les années paffées auec grande gloire
& honneur à Terouane, & aus enui-

rons (à l'exploit desquelles vaillances
i'ay toufiours esté prefent) & ce, auec
efpoir que notre labeur ne fera pas
feulement agreable aus viuants, mais
auffi à la pofterité. Ie n'ignore pas
que autres perfonnages de grand renom, ne doiuent quelque jour plus
heureufement, & auec trop plus
grande vertu d'eloquence confacrer
par leurs écrits, les mefmes chofes à
la memoire future : mais je doute
(vice qui toufiours a trop amplement
regné) qu'ils ne foient pluftot en-
clins, à s'acquerir gloire & renommée
par elegantement & magnifiquement
dire, que par exactement & verita-
blement écrire. Laquelle chofe n'eftant pas en mon pouoir, je me fuis
en ce prealablement difpofé de faire
diligence, que (ce qui toufiours fe
doit le plus eftimer) vn chacun defi-

rant pluſtot ſçauoir la nuë verité de l'hiſtoire, que le delicat chatouillement & ornement de langage, puiſſe en tout facillement adjouter foy à noſtre dire. Or ceſtuy mien, tel quel : monument literaire, procedé d'vne ſinguliere propenſiue deuotion, que j'ai enuers l'Empereur, vous ay-je voulu dedier (Roy treſpuiſſant) qui eſtes non moins heritier de ſes ſingulieres vertus, que gloire & puiſſance. Et auſſi à la verité, je ne pouuois garantir mon nom d'vne plus ſolide ſauuegarde, à lencontre des calumnies des detracteurs, qu'en le faiſant par l'impreſſion mettre en lumière, ſous l'authorité d'vn ſi grand Roy, & à qui eſt la choſe publique Chriſtiane tant redeuable. Et come ce me fera vn treſliberal loyer de mes entreprins labeurs, je le receuray auſſi

d'vne telle gayté & contentement
d'efprit, que fous la protection
d'vne telle fauuegarde j'oferay
quelque fois entre-
prendre plus
grandes
cho-
fes.

L'IMPRIMEVR

au Lecteur.

COMBIEN que je foy certain (Ami Lecteur) que plufieurs mepriferont, ou bien du tout blameront l'Ortographe dont j'vfe maintenant : Le defir toutesfois que j'ay toujours eu de fauorifer aus nobles efprits, qui par cy apres fe voudront acquerir la conoiffance de langue Françoife, joint auec l'approbation de plufieurs grans auteurs bien renommez, m'a pouffé fi auant, qu'il ne m'eftoit pas poffible de plus long temps fouffrir (es œuures pour le moins efquelles comme en cette cy, me fera par les propres auteurs la licence donnée) vn tas de lettres fuperflues, fans certaine loy debordantes, outre le deu de la prononciation Françoife : non

*que je foy ignorant qu'on nous pourroit oppofer
la deriuaifon des mots (qu'ils eftiment fortir en
leur premiere fource du Latin) fembler montrer le
contraire : mais les tant veritables raifons qui
fe repondroient aus oppofeurs, font de telle valeur,
qu'il ne leur feroit poffible (fans oppiniatreté)
refifter à l'encontre. Car, pour ne difputer longuement, quel befoin eft il de retarder le Lecteur, occupé à l'intelligence du fens, par plufieurs
lettres, lefquelles en lifant, non feulement ne
doiuent eftre exprimées par leur propre puiffance,
& qui mefmes le plus fouuent font totallement
oifiues : mais auffi qui, quelques fois, feroient
entierement changer la naiue prolation & figni-
fication du mot, au quel ajoutées, on les vou-
droit prononcer. En quoy les Italiens & Efpaignols doiuent eftre grandement louez, qui, ores
que le courant de leurs langues foit trop plus
prochain de la fontaine Latine que cette cy,
n'ont fouffert (& principallement les Efpaignols)
aucune fuperfluité de lettre, bien que la fource
prochaine requit le contraire, que l'vfage de prononciation n'eut premierement admis. Non que
je veuille aucunement eftre vn preuaricateur, en
derogant au jugement des auteurs defquels je
voudray par cy apres imprimer les œuures. Auec*

auſſi telle deliberation de ceder à celuy, qui par
vne autre meilleure & plus valide raiſon aura
euerty & confondu cette cy. Car (ainſi Dieu
m'aide) je n'entrepren telle choſe pour quelque
nouueauté : mais ſeulement pour le ſoulagement
de tous ceus, qui, par l'intelligence des
langues & leçon des bons auteurs,
ſouhaittent le bien de la choſe-
publique, & l'honneur de
notre ville. D'Anuers,
ce 27 de Iuin
1555.

VN ELEGANT

ET GRATIEVS DIALOGVE,

de la prinſe de Terouane & Hedin :
enſemble de la bataille faite à Renti,
& de toutes les choſes, juſques à
maintenant aduenues par variable
accident, entre les gens
de l'Empereur, & les
François.

HERCVLES. NESTOR.

 L y a maintenant, ô Neſtor,
vne bien longue eſpace de
tems, que, ſeparez de ces
facheries & plaiſirs, auſquels eſt ſubjecte la vie
humaine, nous habitons enſemble és Iles

bien fortunées, & toutesfois ne me fou-
uient, que jamais vne fi grande multitude
d'ames illuftres defcendiffent à nous en
telle affluence que maintenant : y auroit
il bien quelques vns d'entre les viuans,
emulateurs de nos traces, & enfeignes qui
feiffent guerre pour la defence des Tem-
ples & maifons priuées, à caufe de quoy
l'vn chaffát la vie de l'autre aus enfers ?
Or ie te prie m'en declarer fur ce ton jugement. NES. Ne t'efmerueille point, ô
Roy, que les ames arriuent ores en fi
grand nombre. Car par nos predeceffeurs
n'ont onques efté, ni en Afie, ny en Affrique, ny en Europe, obferuées ou cognues
fi grandes & tant cruelles guerres, comme
de prefent fe font la haut entre les
viuants. H. Peut on maintenant trouuer,
entre les hommes, autant & tels Seigneurs
de renom comme on a veu de noftre tems :
qui à l'imitation de leur vertu & magna-
nimité, entreprennent d'auffi grandes
guerres ? N. Ouy bien, & mefmes en grand
nombre. H. Ie n'eftimois point (par Iupi-

ter) que, depuis iceus nos feigneurs tant
renommez, il y euft entre les hommes,
quelqu'vn de fi excellente vertu. N. Auec
ce, que plufieurs ont depuis noftre tems
vefcu, mettant heureufement a chef tres-
grandes & excellentes entreprinfes, encore
de prefent en eft vn regnant, le plus heureus & puiffant de tous ceus qui viuent au
monde : & comme à la verité il eft forty
de noftre race, auffi doit il eftre mis egal
en honneur, au mefme reng des noftres.
Ils le nomment Charles V. Empereur des
Rommains : la Signeurie duquel s'eftent
par toute la rondeur de la terre : & duquel
auffi eft la puiffance telle, que non feulement elle fe recognoit es Royaumes d'Alle-
maigne, Efpaigne, Italie, Sicile & Naples,
en la Gaule Belgique, en Affrique, &
autres Iles innumerables, mais elle eft
auffi recognue jufques aus dernieres Iles
Occidentales, par auant de tout tems
incognues, & par la vertu, excellente
force, & heureus fucces diceluy cerchées
& decouuertes. Le bon heur (di-je) prof-

perité & vertu de cestuy Charles V, non feulement font egaus à la vertu de nos ancestres, mais auffi la furmontent & outrepaffent de bien loing. Les hauts faicts & vaillances duquel fi, depuis fes commencemens jufques à maintenant, j'entreprennois deduyre par le menu, je n'aurois jamais faict. Ie ne veus pas toutesfois que tu ignores les chofes que j'enten auoir efté, auec vne dexterité plus que humaine, par luy faictes depuis deux ans en ça. H. Qui te les a racomptees? N. Vn Port'-enfeigne de gens de cheual (qu'on dit, de harnois noir) qui nagueres mourut à Cambray d'vne playe par luy reçeuë. Iceluy (moy prefent) a de point à point tout compté au noble Signeur Adrian de Croy Conte de Rut, qui l'interroguoit des affaires de Terouane, ville de grand renom, trefbien munie, & jadis capitalle des Morins. H. Ie te prie mon Neftor, au nom de Iupiter, nous reciter ce qu'il racomptoit. N. Il difoit toutes ces chofes : La ville de Terrouane (qui,

quelques années par cy deuant eftroicte-
ment affiegee, n'auoit par aucune induf-
trie, ruze ou fineffe peu eftre vaincue) auoir
efté finablement circuite par l'exercite
de ceft inuincible Prince deffus nommé,
& le fiege mis tout à l'entour d'icelle, les
fortereffes, bouluerts, baftillons, & rempars auoir efté à coups de canon, ren-
uerfez, abattus & ruinez. Pour lefquels
dommaiges non toutesfois efpouantée, elle
a tant couraigeufement fouftins l'impetuofité du primier efforcement & affaut,
que les foffés furent tous ramoittis du
fang des deffendeurs : mais à la venue du
Prince de Piemont (qu'on pourroit nommer vn fecond Achilles) vne telle frayeur
faifit les François, dedans la ville, que
les portes ouuertes, bas mifes les armes,
coururent fur les murailles & rempars :
& là fe courbant à la foulle, pour bailler
la main à leurs ennemis, auecques humbles
fupplications pour leur vie, s'abandone-
rent franchement eus & tous leurs biens
à iceus. Les Imperiaus eftans par ce

moyen faicts figneurs de la ville, abatti-
rent (fuiuant le commandement de l'Empereur) au pluftoft, & raferent toutes les
forterefles, rempars, baftillons & murailles, auec tous les autres edifices de la
ville : de forte qu'on peut bien veritable-
ment dire :

Ou Terouanne eftoit, eft blé fauchable,
Par fang François fertile, & admirable.

Difoit en apres, l'armée auoir efté
conduicte vers Hedin, le chafteau duquel
auoient les François tellement fortifié
& muny tout à l'entour, & ordonné de tels
gendarmes a l'eflite, auec plufieurs grands
Signeurs & gentilshommes de renom, qu'ils
l'eftimoyent inexpugnable. H. Hedin l'ef-
perance des François, là ou tant de vertueus & vaillants Signeurs ont manié les
armes, a il efté vaincu par l'armée Impe-
riale? N. Pour vray : or efcoute je te
fupply. Cependant que le cheualeureus
prince de Piemont Colonal de toute l'armée Imperialle bracquant, & jour & nuict

tirant l'artillerie, faifoit miner & par
toutes autres induftrieufes & merueil-
leufes manieres abbatoit les forterefles, &
preparoit l'entrée: les François, non moins
efpouuentez dedans Hedin, que auoient
efté ceus de Terouane, ne voulans efprou-
uer la force & vertu des foldats, attendre
& endurer les derniers refuges, rendirent
le Chafteau demy abbatu à leurs ennemis.
Pendant l'affiegement, le noble Cheuallier
Horace Farnefe frappé d'vn boulet de
plomb, alla de vie à trefpas.

Le chafteau fut en apres demoly par les
foldats Imperiaus, & tous les Nobles, qui
auoient efté trouuez dedans, menez prifonniers en Flandres: entre lefquels eftoit
vn des capitaines d'hommes-d'armes,
nommé De la Marche, Duc de Bouillon.
Cefte victoire caufa & excita vn tel efpo-
uantement par toute la France, que plufieurs des Parifiens, laiffant la ville, prin-
drent la fuite. H. Que fift le Roy de
France, voyant fes fubjects ainfi efpouantez en tel effroy? N. Il affembla inconti-

nent vne grande armée, pour empeſcher
que les Imperiaus ne menaſſent le camp
plus auant, aus interieures parties du
Royaume, & par ainſi (ce qu'il n'auoient
pas meſme penſé) fiſſent de rechef, comme
dernierement eſtoit aduenu, perdre cour-
raige aus Pariſiens. Iceluy donc, cognoiſ-
ſant les Imperiaus en petit nombre, paſſer
jouxte Dorlan pour ſe retirer en Henaut,
propoſa en ſoymeſme de prendre l'occaſion qui luy eſtoit offerte, de combatre auec
eus à ſon auantage. Les Imperiaus, certains de l'entreprinſe du Roy, combien
qu'ils fuſſent beaucoup moindres en nombre, toutesfois egaus en courage, atten-
dirent ſa venue, en la campaigne pres la
plaiſante & forte ville de Valenciennes,
auec eſpoir de liurer la bataille. Preſque
en vne meſme heure entra l'Empereur
dedans la ville, & au meſme inſtant que le
François eut entendu ce grand Empereur
Charles (imitateur de tes vertus, ô Hercules, & dompteur de monſtres) y eſtre preſent, ſoudain perdit couraige. Et ayant

efté grandement endommaigé par l'artillerie & gens de cheval de l'Empereur
laiffa fes ennemis, & s'enfuiant toute la
nuict, fe retira en France, aiant perdu
grand nombre de fes gens en la fuite. H.
Le François retourna il point, aiant par
interpofition de tems remis fus ou recou-
uert fes forces, & raffemblé la refte de fes
gens apres la fuite.

Car comme on dit en comun prouerbe :
De rechef bataillera, qui s'enfuit. N. Ayant
efté adverty enuiron le commencement de
l'hyuer, les bendes de l'Empereur eftre
efparfes de çà & de là pour yuerner, il
affembla vne armee, auec laquelle entrant
les Signeuries hereditales de l'Empereur,
fift grand dommage & degaft, aiant par
feu deftruict miferablement & defolé plufieurs d'icelles. H. Ce grand Empereur
Charles pouuoit il bien ouyr patiemment
les meffagiers d'vne telle deftruction de
fes biens & fubjects ? N. Iceluy n'endura
pas long tems le François faire telles
chofes, fans en eftre puny. Mais aiant

enuiron le tems que le Soleil entre au
figne d'Aquarius, raſſemblé ſes bendes
diſperſées pour yuerner, entra en France,
là ou par l'eſpace de quatorze jours,
faiſant, au long & au large, paſſer toutes
choſſes par l'eſpée & le feu, oppreſſa le
Roy d'vne autre bien plus grande cala-
mité : ce que mis à chef, remena ſa
gendarmerie en ſes primieres ſtations
yuernales. H. l'entens, par Iupiter, actes
de grand importance eſtre maintenant
faits entre les viuants, & principallement par ceſtuy Empereur tant vertueus :
mais puis que tu cognois totallement le
fil de l'hiſtoire, je te prie beauſire, me
vouloir declarer les choſes faites ceſte
année. NES. Encore qu'il ſoit trop difficile racompter en bref les actes memorables, accompliz ceſte preſente année
par l'Empereur, puis que toutesfois le
deſirez ſçauoir de moy, je reciteray les
choſes que j'ay ouy deduire au Port'-en-
ſeigne. H. Ie t'en ſupply. N. Le Roy
ſçachant que l'Empereur eſtoit empeſché

pour certaines affaires de grande importance, affembla incontinent vne puiffante
armée, & de rechef affaillant à l'improuift,
les terres & Signeuries de l'Empereur, &
(foit que par auant il euft efté conuenu de
trahifon, ou que par la negligence du
capitaine cela foit aduenu) il entra dedans
Mariebourg les portes ouuertes & murailles entieres.

Cefte ville auoit efté, quelques années
par auant, conftruicte par la Sereniffime
Royne de Hongrie & de Boéme. Le Roy
aiant mis garnifons dedans Mariebourg, fift
marcher fon Camp à Dinant, & apres l'auoir
nuict & jour continuellement battu d'artillerie pour faire breche & entrée finablement
affaillit le Chafteau, auquel donnant l'affaut, & tachant d'entrer par force, fut par
deux fois contrainct fe retirer, ayant perdu
beaucoup de fes gens : mais le petit nombre de Liegeois, auec le peu d'Efpaignols,
laiffez en garnifon au dict lieu, ne pou-
uans plus long tems refifter ni endurer le
demoliffement du Chafteau, par l'impe-

tuofité du continuel traict de l'artillerie,
le rendirent aus ennemis, foubs certaines
paches & conditions ou accords, lefquels
toutesfois les François n'entretindrent
point par apres. Le jour fuiuant, apres
eftre ledict chafteau ruiné, furent les deux
villes de Dinant & de Bouuines mifes en
feu & bruflées. Ces deux villes, fituées à
l'vne & l'autre part de la riuiere de Mafe,
appartiennent l'vne à la Signeurie de
l'Empereur, l'autre eft de l'obeiffance de
l'Euefque de Liége. H. Que fift l'Empereur, lors qu'il vit le François eftre entré
en fes pais & Signeuries ? N. Il affembla
incontinent vne groffe armée és enuiron
de Namur, à laquelle s'adjoingnit l'illuftre
& vertueus Gunther Comte de Suartfbourg, auec mille gens de cheual de
Harnois noir, en autant bon equipage,
qu'il feroit poffible de dire. Le François
aduerty que non feulement l'Empereur
auoit fur pieds vn exercite (fi non de
grande multitude, toutesfois affemble de
gens vertueus & vaillants) mais auffi qu'il

auoit propofé luy liurer bataille, ne trou-
uant pas bon s'abandonner à tel danger,
& faire l'efpreuue de la vertu & vaillance
tant des pietons que de cheuaucheurs
Imperiaus, fe fauua par la fuyte, & fe
retirant en France, gafta tout par feu, ce
qu'il trouua en fon chemin. Entre lefquels chofes de renom, fut Bins, pour y
eftre le palays de la Sereniffime Royne
Marie : & (tant luy mefme de fes propres
armes, que de celles de fes Gentilshommes) miferablement gafta Mariemont,
& deferta les beaus jardins de plaifance
du dict lieu. Il y auoit auffi pour lors au
camp François grande difette de bleds,
& toutes autres victuailles. L'Empereur
lors memoratif de fa noble race, vertu, &
bonne reputation par cy deuant juftement
acquife, aiant conftamment deliberé faire
l'eflay de l'aduenement de la bataille, à
grandes journées pourfuiuit fon ennemy,
lequel il trouua auoir affiegé le chafteau
de Renty, fitué en Morinois, qu'il efperoit
(en vain) par vn continuel trait de boulets

pouuoir prendre, & là l'Empereur planta son camp à vn quart de lieu près, de l'autre part de celuy de l'ennemy. Alors fut manifeſtement cognue l'induſtrie & admirable expertiſe du Signeur de Benincourt, & de Ian Battiſte Gaſtaldo en l'ordonnance & diſtribution du camp. H. Liurerent ils la bataille en ce lieu? N. Non. Car le lieu, pour les montaignes, foreſts, boſcages & vallées entrejectées, y eſtoit totalement incommode. H. Que fut il donc fait d'vne part & d'autre? N. Le François de ſon coſté, tiroit ſans relache grand nombre d'artillerie contre la muraille du chaſteau. L'Empereur au contraire ſe propoſa par quelque moyen que ce fuſt, de ſaiſir & occuper l'vne des montaignes en la vallée de laquelle eſtoit vne foreſt, là ou le François auoit mis ſes embuches : pour la quelle choſe mettre à fin, le lendemain qu'ils furent arriuez, apres auoir mené toutes les bendes en la campaigne, & ſelon la capacité du lieu, ordonné la bataille, il enuoya deuant vne

haftiue bende de haquebuziers Allemans
& Efpaignols, affin de combattre pour
l'occupation & faififfement de la montaigne prochaine de la foréft : & pour
lefquels garder par derriere, fi befoin en
eftoit, contre les courfes & faillies des
François, il auoit adjouté quelques gens
de cheual, armez de toutes pieces.
Aucunes groffes pieces d'artillerie eftant
braquées fur le fommet de la montaigne,
il fut par vne bien longue efpace de tems
cruellement chocque des deux coftez, les
vns ne voulans abandonner le lieu aus
autres : mais enfin la vertu & couraigeufe
force des gens de l'Empereur contraignirent les François de quitter le lieu, & fe
fauuer à la fuite par dedans le bois. En
ce conflict furent occis beaucoup de pietons
François vaillants & hardis foldats, tellement que d'iceus on pouoit voir la foreft
remplie de leurs corps morts. Illec fut,
entre autres, euidemment cognue la vertu
de Gunther Conte de Suartfbourg, qui,
accompaigné de vingt hommes d'armes,

oſa entreprendre vn faiçt audacieus &
digne de memoire, aſſaillant impetueuſe-
ment plus de deux cens haquebuziers
François, qui ſe raſſembloient apres la
fuite ſus le couppeau de la montaigne,
leſquels il diſſipa, rompit & dechaſſa, ſans
qu'il perdit aucun des ſiens. Pendant ces
entrefaites, que les Allemans & Eſpaignols
pourſuiuoient furieuſement les François
diſperſez çà & là, on s'empara de la montaigne : ce que mis à chef, y furent menez
trois cens hommes de harnois noir, ſoubs
la conduite du Conte de Suartſbourg,
auſquels on adjouta huit mille pietons
Alemans. Les François voians les affaires
ſe demener en telle maniere furent entre
eus éprins d'vn tel épouantement, que
aians totallement abbandonné l'artillerie,
de laquelle il battoient le chaſteau, s'en
coururent ſaiſir la campaigne, qui eſtoit
de l'autre coſté de la foreſt, & illec à la
veue meſme du Roy (qui remercable par
vn cheual blanc, ſur lequel il eſtoit monté,
attendoit en l'arriere garde, l'iſſue du

fait) ordonnerent en telle maniere leur
bataille à la hate, comme la crainte, l'effroi
& tremblement leur laiffa de pouoir. Les
Imperiaus euffent en ce mefme jour à
leur grand honneur aquis vne joyeufe
victoire, fans grande effufion de fang,
& eftoit fait de toute la France, fi quelque
faus trahitre fugitif, qui fe rendant du
party des ennemis defia s'enfuyants, ne
leur eut donné courage les affeurant, qu'il
n'y auoit point plus de trois cens hommes
de harnois noir, & huit mille pietons,
auec quelques haquebuziers, & que là
n'auoient encore efté menées aucunes
groffes pieces d'artillerie : par quoy leur
eftoit expedient d'affaillir impetueufe-
ment les Imperiaus, ainçois que tout le
corps de la bataille, qui ja marchoit, peut
eftre venu à tems pour les fecourir, ou
bien qu'ils feroyent par apres contraints
(aians perdu l'occafion de bien pourfuiuir
leur affaire) fe fauuer par vne honteufe
fuite. Ces chofes entendues, les François
marcherent quelque peu en auant, auec

certaine deliberation de donner dedans les
haquebuziers, qui s'eftoyent aucunement
aduancez : mais le magnanime Conte de
Suartfbourg, cognoiffant les François fe
vouloir ruer fus iceus : apres auoir, felon
l'opportunité du tems & la commodité du
lieu, mis en ordre fes trois cens hommes
de cheual, y accourut legerement. En la
primiere pointe aparoiffoit par fus les
autres le Conte de Suartfbourg, au cofte
droit duquel marchoit Bafilic Marchet
gentilhomme Grec de noble maifon, au
feneftre eftoit le noble & vaillant Hughes
de Schimbert, lefquels fuiuoient plufieurs
autres Contes & Barons auec gens bien
exercitez & illuftres au faict de la guerre.
Maurice Fris homme cheualeureus, s'ad-
uança feul outre les rangs. Les François
incontinent les auoir primierement veus,
tous efpouantez & tremblans de peur
s'arrétterent tout coy. Or fubitement que
Suartfbourg eut aperceu les ennemis auec
cris & clameurs, fe jetta fus eus, de telle
force & randon, que, s'eftant impetueufe-

ment lancé dedans l'efquadron des gens
de cheual, & faifant enfemble l'office
d'vn hardi foldat & bon Capitaine, apres
auoir rompu les rengs, leur fit prendre
la fuite. Lors eut on peu dire, iceus eftre
miferablement foudroyez du ciel : Car
tout ainfi qu'en Automne les pommes
ja meures eftant foufflées de quelque
horrible vent, tombent des arbres, ainfi
dru & menu eftoient les ennemis ruez
ius de leurs cheuaus. Ceus cy mis en
route, vne autre bande d'hommes de
cheual foudainement courut fus les cheuaucheurs de Suartfbourg : lefquels non
feulement ils receurent vaillamment, mais
auffi contraignirent, les ayans grandement
endommagez, tourner le dos comme
auoient faict les premiers : & ce à la vuë
de leur Roy mefme, qui auec toute fon
entière armée, contemploit la miferable
deconfiture & honteufe fuyte de fes gens.

Lors toute l'entiere cheuallerie Françoife fe jetta d'vne feule impetuofité, fus
ces trois cens cheuaucheurs Imperiaus,

qui, pour n'auoir pas mefme le loifir de
charger leurs haquebuzes & piftolets,
& eftre ja laffez par les precedens conflits,
ne peurent longuement fouftenir vne telle
violence : parquoy furent contraints fe
retirer, & fe fauuer par dedans la foreft.
Quant aus piétons François, ils chafferent
miferablement quelques gens de l'Empereur, & de rechef s'emparerent de la
montaigne : laquelle, fi à la maniere
accouftumée de faire en guerre, ils
l'euffent fortifiée contre l'enuahiffement
des gens-d'armes François, & remparée
de chariots & autres telles chofes, les
Imperiaus euffent, cefte mefme journée,
au raport de tous ceus qui eftoient pre-
fens, acquis vne bien certaine victoire. H.
Y eut-il grand nombre d'occis en cefte
bataille? N. Plufieurs des François mou-
rurent en ce combat, &, entre autres
furent trois mis à mort par la propre main
du comte de Suartfbourg, desfquels eftoient
les heaumes reluifamment dorez, & les
bardes & capperanfons toutes de foye.

D'entre les hommes d'armes de harnois
noirs furent quatorze occis de playes
cruelles : mais tous ceus qui furent
naurez, recouurerent peu apres leur
priſtine ſanté. HER. Chocquerent ils
point en apres les jours ſuiuans? N. Nullement : mais bien au contraire, les François redoutans la vertueuſe force des
Cheuaucheurs de harnois noir, quitterent
l'aſſiegement du chaſteau, & ſans ſonner
ni trompette ny tambour, abandonnant
pluſieurs pieces d'artillerie, & le lendemain de belle nuit s'en fuirent bien auant
dedans la France, là où le Roy ayant
caſſé vne partie de ſon armée, retint le
reſte és ſtations yuernales.

Non pourtant differa l'Empereur de
les pourſuiure, & ſur le chemin aiant
primierement tiré quelques groſſes pieces
d'artillerie, print d'aſſaut la fortereſſe
d'Auchi. D'illec en auant paſſa la riuiere
de Somme, qui diuiſe la Conté d'Artois
d'auec la Picardie, & à grandes journées,
dreſſa ſon chemin vert ſaint Richer, lequel

depourueu de toutes garnifons, il print
& brula, & fit tout paffer par le feu, au
long & au large jufques aus murailles
d'Abeuille.

Toutes ces entreprinfes heureufement
mifes a chef, prenant fon chemin en rondeur, quafi comme vn cercle fait au com-
pas, s'en retournant chez foy, print le
chafteau de Dampierre, muni de foffez
& riuiere, auec plufieurs autres Bourgades, munitions, & forterefles, lefquelles
toutes embrafées & confumées par vn feu
excité en large circuit il rapaffa la riuiere
de Somme, & venu à vn demi quart de
lieuë loin de Hedin, par vne merueilleufe
& incroiable diligence, edifia, conftruit
& fortifia de boulleuers, rempars, & foffez
vne ville inexpugnable. H. Comment eft
fon nom? N. *Hedinfert*. H. Il femble
que *Fert*, ne puiffe aucunement rien
fignifier, à l'auenture quelle fe nomme
Hedinfort. N. Nullement. Car *Fert*, eft
la deuife de Philebert Emanuel Prince
de Piemont, laquelle, compofée des quatre

primieres lettres de ces mots *Fortitudo eius Rhodum tenuit,* veut emporter auec foy la mesme signification. H. Les François essayerent ils jamais d'empescher la construction d'icelle, sentant qu'elle s'edifioit à leur desauantage & ruine finalle? N. Pendant qu'on edifioit la ville, les gens de cheual Imperiaus faisant à lentour de Montreul & Dorlan (villes tres bien munies en la Picardie) quasi continuelles courses, chacun son jour, contraignirent les François de se tenir cachez entre les murailles & clostures de leurs villes & forteresses. H. La ville paracheuée, ne furent pas les bendes cassées & renuoyées à leurs maisons? N. Non, mais les garnisons assises dedans la nouuelle ville, fut tout l'entier exercite remené à Auchi, & auoir de rechef passé la riuiere, entra en la Picardie par autres lieus, & ce mesme iour saccageant plus de trois lieuës & demie de pais, sembloit la dicte armée estre veuë passer par le millieu des flammes de feu, tellement estoient par

la diftance de deux lieues & demie les
villages embraféz d'un cofté & d'autre,
& là on s'arrefta une journée entiere,
tandis que les foldats Imperiaus pilloient
& enflamboient toute la cofte marine, qui
eft par de là Riu.

Et lors l'embrafement remplit & ob-
fufqua tellement l'air, que mefmes en
plein midi, pour eftre le Soleil plus
obfcur que de coutume, le Ciel ne pouoit
eftre veu. Apres midi fe decouuri-
rent huit enfeignes de gens de cheual
François, lefquels à l'inftant furent foudainement pourfuiuis par les cheuaucheurs Imperiaus, & d'vne continuelle
courfe chaffez jufques aus murailles
d'Abbeuille, tant eftoient les gens-d'armes
échauffez & conuoiteurs de choquer. Entre
autres, Alfonfe Pimentel gentilhomme
Efpaignol d'illuftre maifon, fit vn acte
digne de louenge, qui, aiant prouoqué vn
cheuallier François pour combatre homme
à homme, fe porta vertueufement vaillant. Le jour enfuiuant, dediant toutes

chofes, qui s'offroient en chemin, au
rauiffement de Vulcan, fut l'armée conduite vers Amiens, ville Metropolitaine
de la Picardie. Sur le bord de la riuiere
de Somme, s'eftoient mis aucunes bendes
de gens de cheual & pietons François,
pour empefcher l'ennemi de paffer la
riuiere, lefquels affaillis par quelques
gens-de-cheual Efpaignols armez à la
ligere, furent d'vne feule écarmouche
deconfis, tuez, & aucuns emmenez prifonniers qui nageoient dedans la riuiere.
En cefte écarmouche Loys d'Auilla gou-
uerneur de la Cheuallerie d'Alcantara,
& Garcias Marechal de la Gendarmerie,
bataillant contre les ennemis, fe monftre-
rent hommes de grand courage & vertu.
Le lendemain marcha le camp vers Cor-
bie, & combien que ceus d'Amiens pour-
fuiuiffent les Imperiaus à grans coups de
canon, tirez de la ville, dru & menu, fi ne
leur fceurent ils faire aucun dommage. De
là fut l'exercite mené à Enchres le chafteau
& tours duquel furent ruinés par les

groſſes pieces d'artillerie, & de là ſe vint rendre a Bapaume clef & rempart du pais d'Artois, & lors fut ceſſé tant de bruler chaſteaus, que bourgades & villages. L'vne partie de la Gendarmerie fut caſſée à Cambray, l'autre renuoyée pour yuerner.

Voylà ce que j'ay entendu par le Port'enſeigne, touchant les guerres faites de ce tems icy entre l'Empereur Charles & le Roy de France. HER. Plaiſe à Iupiter, que ſes ennemis vaincus & aſſubjectis, il puiſſe auoir la jouiſſance d'vne joyeuſe & non ſanguinolente victoire, laquelle par luy acquiſe, je ne doute que la noſtre Grece jadis illuſtre, tant pour auoir eſté aus autres nations la ſource de toutes bonnes ſciences, & ornement des bons eſprits, que pour les actes memorables, faits par mer & par terre, ne ſoit par luy deliurée de la tyrannie Turcique, de laquelle ja par longues années, elle eſt juſques à preſent oppreſſée. NES. Ie me perſuade le meſme, pour eſtre en

luy, vne singuliere & saincte douceur,
humanité, & misericordieuse affection, à
defendre les miferables peuples & chetifs,
mais prealablement auffi de retirer hors
de feruitude ceus qui par infupportable
tyrannie & cruauté, font injuftement
oppreffez. Chofe qui n'eft peculiere à luy
feul, mais eft auffi propre & naturelle à
tout fa famille.

> *Le fort eft engendré du preus,*
> *Bon beuf & cheval genereus,*
> *Toufiours reprefentent leur race,*
> *Et jamais l'Aigle qui rauit,*
> *La fimple colombe on ne vit*
> *Engendrer : ni fuyure fa trace.*

Car ces mefmes chofes a il faict les années
paffées à Tunes, lors que (aiant expugné
la ville, & prinfe par force) en vne feule
journée, il deliura de mort & de la miferable feruitude de Barberouffe, plus de
vingt mille Chriftiens, lefquels detenus
en baffes foffes & miferables prifons, le
tyrant inhumain auoit menacé faire tous
bruler jufques à n'en referuer vn feul.

Vne chofe refte, ô Hercules, laquelle ne fe doit celer aucunement. H. Ie te fupply, mon Neftor, fi en la deduction de tes propos tu as obmis quelque chofe, que tu le veuilles maintenant mettre en auant. Mais affauoir mon, fi en Italie les guerres fe font pour Charles l'Empereur auec pareille felicité? NES. Ouy certainement. Car Sienne antique ville d'Etrurie, pour auoir renoncé le party de l'Empereur, receu les garnifons Françoifes & fauorifé à leurs deffeins, a efté affiegée par le camp Imperial. Et font les Siennois en grande difette & oppreffion de viures : pour laquelle auitailler & y conduire des grains, les François auoient nagueres affemblé nouuelle armée. Mais le marquis de Marignan colonal pour l'Empereur deuant la ville, aiant auec foy prins vne partie de fes bendes, alla au deuant des ennemis, & la bataille de fes gens ordonnée, leur fit une breue, mais elegante harengue, non pour qu'il penfat par fes paroles animer gens tant vertueus,

encourager le foldat pareffeus, ou bien
affeurer le craintif : mais à ce qu'il les
exhortat d'eftre memoratifs de leur prif-
tines vaillances & nobles vertus. Lors
auec cris & afpres clameurs, courant les
vns fus les autres, .à enfeignes deployées,
tirent leurs haquebuzes, aprochent, join-
gnent enfemble, & fe combatent à grande
puiffance.

Les Allemans, non oublieus de leur
antique vertu, ne firent premierement
fin de combatre & refifter afprement, que
leurs ennemis ne fuffent tous ou tuez, ou
mis en fuite : & l'exercite Imperial (combien qu'il ne fuft de nombre egal au
François) n'euft acquis vne joyeufe & fort
aggreable victoire. Les pietons Allemans
bataillerent contre les gens-de-pié Allemans & Suiffes du parti des François,
lefquels, du primier choc les auoir mis
en route, allerent au fecours des Efpaignols, qui fe portoient vertueufement,
& comme gens courageus & vaillans, ne
firent eftime du continuel traict des

haquebuzes, & aiant mis en fuite les Italiens & Gafcons, remporterent la victoire
au nom de l'Empereur. De quelle vaillance & afpreté de courage il fut combatu
d'vne part & d'autre, à ce peut il eftre
jugé, que le lieu qu'vn chacun d'eus auoit
viuant efleu, le mefme couuroit fon corps,
aiant perdu la vie. Les foldats par tout
le camp, furent en toutes manieres éprins
de joye, pour eftre la chance tournée au
contreuouloir des François. Ces chofes
font celles que j'ay entendu du Port'-en-
feigne.

FIN.

PIÈCES

JUSTIFICATIVES

———

Cette feconde édition de la *Prinfe de Térouane & Hedin,* en latin & en fran-çais, était entièrement imprimée, lorfque nous avons reçu un exemplaire de la réim-preffion de ce récit en langue françaife, publiée à Bruxelles en 1872, pour la So-ciété des bibliophiles belges, par les foins & avec une *Introduction* de **M.** Alvin, confervateur en chef de la Bibliothèque royale de Belgique.

Cette favante Introduction contient des

détails bibliographiques, inédits, ſur ce livre & de curieux renſeignements ſur l'auteur, J. Baſilic Marchet. Nous ne pouvons mieux compléter notre édition qu'en reproduiſant *in extenſo* l'introduction de M. Alvin, qui a bien voulu nous en accorder l'autoriſation.

INTRODUCTION

Le livre dont nous donnons, après plus
de trois fiècles, une feconde édition,
n'eft pas d'une bien grande importance
hiftorique : il n'ajoute rien aux annales
de l'époque dont il s'occupe ; il n'offre
point un mérite littéraire qui commande
de le tirer de l'oubli ; il ne peut point être
confidéré comme un monument confta-
tant le degré de culture que les Belges du
xvie fiècle avaient donné à la langue françaife : il eft écrit par un étranger, une
forte d'aventurier, Grec de naiffance.
Quels peuvent être les titres qui l'ont
recommandé à l'attention de la Société
& ont déterminé celle-ci à en entreprendre

la reproduction? Le premier de tous,
c'eſt ſa rareté : on ne connaît de ce livre
qu'un ſeul exemplaire, conſervé à la Bibliothèque nationale de France, ce qui
permet de ſuppoſer que le nombre des
perſonnes qui l'ont lu eſt infiniment
petit. Les faits qui y ſont rapportés :
la deſtruction de Thérouanne, la priſe
& le ſac d'Heſdin, & enfin la bataille de
Renty, ſont des événements d'une grande
importance, qui ſe ſont paſſés dans notre
pays ou à nos portes, ils forment le der-
nier acte des luttes que notre Charles-
Quint eût à ſoutenir contre ſon brillant
rival François Iᵉʳ, & dont l'empereur ſortit, la plupart du temps, avec avantage.
Ce nous ſera donc une occaſion ou, ſi
l'on aime mieux, un prétexte pour mettre
au jour certains documents qui regardent
les hommes & les choſes de ce temps.
Enfin, un intérèt aſſez vif de curioſité
s'attache à la perſonne de l'auteur du
livre. Un myſtère difficile à pénétrer en-
toure l'exiſtence de ce Marchet qui s'in-

titule *Seigneur de Samos* (Defpota Sami)
& qui affiftait, dans l'armée des Impériaux, à la droite du Comte de Suartfbourg, à la bataille de Renty. Une réu-
nion de bibliophiles belges pouvait faire
aflurément un choix moins judicieux.

I

Parlons d'abord du volume en lui-
même, de la manière dont il a fait fon
apparition dans le monde. Il y avait été
précédé, à bien peu d'intervalle, par un
frère aîné, de langue latine, imprimé,
comme lui, à Anvers, chez Jean Bellère,
en l'année 1555. En voici le titre exactement figuré :

DE MORINI
quod Terouanã vocant,
atque Hedini expugnatione, déq́ prælio apud Rentiacum, & omnibus ad
hunc víque diem vario euentu

inter Cæfarianos & Gallos
geftis, breuis & vera
narratio.
Iacobo Bafilico Marcheto,
Defpota Sami Authore.

(La marque de l'imprimeur)

ANTVERPIÆ
Apud Ioannem Bellerum
fub infigni Falconis
M. D. LV.
Cum priuilegio.

Ce petit volume, de feize feuillets, de
vingt & une lignes à la page, n'a point
de pagination. Il eft mentionné en ces
termes dans la *Bibliothèque hiftorique de
la France*, tome II, page 228, édition
de 1769.

" 1762. De Morini, quod Theruanam
vocant, & Hedini expugnatione, deque
prælio apud Rentiacum, & omnibus inter
Cæfarianos & Gallos ad annum 1555, [Va-
rio eventu [geftis] narratio & dialogus,

Jacobo Bafilico Marcheto, Defpota Sanii, Auctore. Antverpiae, Plantin, 1555, in-8°.]

" Cette hiftoire eft auffi imprimée dans Schardius, au tome II de fon recueil des Hiftoires d'Allemagne, page 1803, Bafileae, 1574, in-fol. "

Le P. Le Long n'a certainement pas eu l'intention de reproduire avec une rigoureufe exactitude le titre de l'ouvrage; mais fon texte préfente des variantes trop confidérables pour qu'on puiffe les accepter comme le réfultat d'un manque d'attention : on pourrait prendre pour une faute d'impreffion le mot *Sanii* fubftitué à *Sami;* mais comment expliquer le nom de Plantin remplaçant celui de Bellère? Y aurait-il eu deux éditions du texte latin dans la même année? Cela n'eft guère admiffible en préfence des termes précis du privilége imprimé au verfo du titre : *Ne quis hoc opufculum præter Joannem Bellerum in Cæfaris dominio imprimat, alibive impreffum intra biennium inter*

promercales habeat, cæfarea fanctione
cautum eft. Antverpiæ XXVIII februa-
rii 1554, ftilo Brabantico.

Bellère & Plantin ont quelquefois été
affociés pour certaines publications : l'au-
raient-ils été pour celle-ci? Dans ce cas,
ils auraient pu fe partager le tirage, mettant le nom de l'un fur une partie & celui de l'autre fur le refte des exemplaires.
Quoi qu'il en foit, Brunet ne connaît
qu'une édition. Le *Manuel du libraire*
reproduit le titre avec plus d'exactitude,
mais cependant d'une manière incomplète; il copie le n° 27759 du catalogue
de la bibliothèque de Van Hulthem; il
cite l'exemplaire acheté 13 francs à la
vente de mademoifelle Anne-Thérès-Ph.
D'Yve. Or c'eft celui-là même qui fait
aujourd'hui partie de la bibliothèque
royale de Belgique. Il avait paffé dans les
mains de l'illuftre profeffeur de la faculté
de médecine de l'Univerfité de Louvain,
Henri-Jofeph Rega, puis dans celles de
Jean-Baptifte Verduffen, échevin de la

ville d'Anvers, mort en 1773. Enfin, en
1782, dans celles de **M. H. Van den
Block** [1].

1. Malgré l'extrême rareté de ce livre, la Bibliothèque royale de Belgique en possède trois exemplaires, à savoir : celui qui a appartenu à la comtesse
d'Yve ; un second faisant également partie du fonds
Van Hulthem, & relié avec deux autres ouvrages se
rapportant aux conquêtes de Charles-Quint, imprimés
aussi chez Jean Bellere & dont voici les titres : 1º *Rerum a Carolo V Caesare Augusto in Africa gesta-
rum, &c. Authorum Elenchum, è quorum monumen-
tis hoc opus constat, sequens pagella indicabit, 1555.*
— 2º *De rebus a Carolo V Caesare Romanorum imperatore gestis, Joannis Michaëlis Bruti Oratio, 1555.*
Le troisieme exemplaire a appartenu à la bibliothèque du prieuré de Rouge-Cloître, il est aussi relié
avec deux autres ouvrages dont voici les titres ; le
premier : *Obsidionis Magdeburgi, antiquae ac incly-
tae Saxonum urbis..... per Sebastianum Besselmeie-
rum cujus urbis civem, &c.... Basileae, anno M. D. LII.*
Le second : *De Tungris & Eburonibus aliisque in-
ferioris Germaniae populis, Huberti Thomae Leodii
commentarius, &c.... M. D. XLI.* Ad finem *Argentorati
apud Vendelinum etc.*
Une particularité doit être signalée à propos de
l'exemplaire dont il est parlé en second lieu ; c'est que
le privilége porte la signature imprimée de *Facuez*,
qu'on ne trouve pas sur les deux autres. C'est d'ailleurs
la seule différence que présentent les trois exemplaires.

Si l'édition latine eft rare, la traduction
françaife eft rariffime. On n'en connaît
qu'un exemplaire, nous venons de le dire.
Il ne nous a point été permis de le voir,
de le tenir entre les doigts, de le feuille-
ter, & nous allons le reproduire d'après
une copie exécutée à Paris. Ce n'eft pas
que nous ayons négligé les démarches
pour obtenir la faveur du prêt ; la diplo-
matie, notre légation à Paris, en a fait,
mais fans fuccès, la demande à la follici-
tation du gouvernement belge. Il a été
répondu par une fin de non-recevoir ab-
folue : le règlement interdit la fortie du
territoire français aux imprimés de la Bibliothèque nationale. Nous avons toute
confiance dans la perfonne qui nous a
procuré la copie ; nous efpérons donc reproduire fidèlement le texte ; s'il en était
autrement, nous ferions reçus à nous en
laver les mains.

Le nom de Plantin figurant fur l'édition en langue françaife avec la date de
1555, on peut regarder ce livre comme

un des premiers fortis des prefles de l'illuftre typographe d'Anvers. Le premier,
qui ait été mentionné jufqu'à préfent : *La
inftitutione di una fanciulla nata nobil-
mente*, porte deux dédicaces datées du
1ᵉʳ & du 4 mai 1555. L'avis au lecteur,
que l'imprimeur a mis en tête de l'opufcule qui nous occupe, eft du 27 juin fui-
vant. On connaît encore quatre ouvrages
fortis, pendant la même année, de l'offi-
cine plantinienne :

— *Flores de L. Anneo Seneca tradu-
ʒidas de latin in romance caftellano, por
Juan Martin Cordero.*

— *Les obfervations de plufieurs fin-
gularités, & chofes mémorables trouvées
en Grèce, &c., par Pierre Belon.*

— *De la grandeur de Dieu & de la cognoiffance qu'on peult auoir de luy par
fes œuures* (par Pierre du Val, évèque
de *Séeʒ*).

— *Ariofte. Le premier volume de Ro-
land furieux, compofé en thufcan par
Loys Ariofte, Ferrarois & maintenant*

*mys en rime françoife par Jan Fornir
.de Montaulban en Quercy* (cité dans le
catalogue de M. Tross, 1868).

Le célèbre imprimeur était poffédé de
la manie de montrer fes talents littéraires : il manque rarement l'occafion de
s'adreffer au lecteur, en profe ou en vers :
il affiche même des prétentions à réfor-
mer l'orthographe, comme on peut le voir
dans l'avis au lecteur qui fuit immédia-
tement la dédicace de l'auteur au roi Philippe II. Plantin fe pofe en précurfeur de
M. Merle, *combien qu'il foit certain que
plufieurs mépriferont fes avis.* Cette forte
de manifefte n'eft pas le document le
moins curieux de notre publication.

II

Difons un mot des événements que
Marchet a voulu rapporter comme oculaire témoin. Si l'auteur ne nous apprend
rien de neuf, les faits qu'il raconte dans
l'Élégant & gratievs dialogve (*ele-*

gans & feſtivus dialogus) ont, pour les Belges, un grand intérêt national : le théâtre de ces luttes, c'eſt notre territoire d'aujourd'hui ou le domaine de nos ſouverains au xvie ſiècle; la deſtruction de Thérouanne a été dans les temps modernes un déſaſtre comparable à la priſe de Troie.

« Il eſt peu de ſiéges plus célèbres que celui de Thérouanne par les troupes de Charles-Quint, » liſons-nous dans un excellent travail que M. Piers a inſéré au tome II (1832) des *Archives hiſtoriques & littéraires du nord de la France & du midi de la Belgique*. Thérouanne, une des douze cités de la deuxième Gaule Belgique & capitale de la Morinie, eſt peut-être la ville la plus célèbre de la Flandre & de l'Artois, par ſon antiquité, ſon importance de longue durée, les grands événements dont elle fut le théâtre, ſes ſiéges nombreux & ſes malheurs. «

« Un fait très-remarquable, ajoutet-il, dans la deſtinée de cette cité, c'eſt

que, depuis la conquête qui en fut faite
par les Mérovingiens, elle n'a jamais ceffé
d'appartenir à la France ; quoiqu'elle fût
enclavée dans les terres des comtes de
Flandre & d'Artois, elle ne dépendait
d'eux en aucune manière, ne reconnaif-
fant point d'autre maître que le roi de
France, & le petit territoire qui dépendait
de cette ville s'appelait, à caufe de cela,
la *Régale.* »

Il n'eft pas tout à fait exact de dire que,
depuis la conquête des Mérovingiens,
Thérouanne n'a jamais ceffé d'appartenir
à la France. Ces chofes-là s'écrivent affez
facilement de l'autre côté de la frontière,
mais, de ce côté-ci, nous réclamons la
permiffion de les rectifier. Sans doute, les
fouverains français ont prefque conftamment maintenu leur domination à Thérouanne ; mais cette gênante enclave a
été fouvent difputée & quelquefois enle-
vée par les comtes de Flandre au puiffant
monarque qui fe proclamait leur fuzerain.
M. Piers lui-même l'a conftaté, notam-

ment en ce qui regarde l'expédition de
Maximilien, en 1486. Toujours les princes
flamands ont eu à cœur de fe débar-
raſſer de ce voiſinage incommode. C'eſt
ce mobile qui détermina Charles-Quint
à en finir une bonne fois. Suivant M. Piers,
« le vieil empereur voulait perſuader à fes
ennemis qu'il était encore capable de fe
faire craindre, & Thérouanne, la capitale
des Morins, ſi fameuſe dans toutes les
hiſtoires par fon antiquité, par fon importance & parce que la Belgique la nom-
mait : *Le loup dans la bergerie,* Thérouanne qui était alors une très-belle
ville, à l'extrémité de l'Artois, lui parut
un théâtre glorieux & propre à donner
cette redoutable conviction à la France. »

Dans le deſſein qu'il conçut & qu'il
accomplit d'expulſer le loup de la bergerie, le vieil empereur n'était point dominé
par une vaine gloriole, il était mû par
des conſidérations plus poſitives. L'échec
qu'elles avaient ſubi fous les murs de
Metz n'avait point détruit le preſtige des

armées impériales à ce point qu'il fallût absolument une réhabilitation. Charles-Quint devait pourvoir à la sécurité de ses États héréditaires assez mal couverts du côté du midi. Il n'ignorait point que la place de Thérouanne, *ce nid de brigands,* comme l'appelaient les Flamands, était, suivant le mot de François Ier, l'un des deux oreillers (l'autre était Arcq, en Provence) sur lesquels les rois de France pouvaient dormir en paix. Mais il devait savoir par expérience que, lorsque les souverains de France peuvent dormir en paix, ils ne respectent point volontiers le sommeil de leurs voisins.

Si Thérouanne était l'oreiller des rois de France, Hesdin était le séjour de prédilection des comtes de Flandre de la maison de Bourgogne. C'est dans le château & le parc de cette localité que Philippe le Bon avait rassemblé ce que le luxe pouvait produire de plus merveilleux à cette époque; c'est là qu'il recevait les rois, les princes & les princesses. Nous pouvons aifément nous faire une idée des agréments que le bon duc offrait à ses hôtes illuftres; un compte exhumé des archives de Lille, & que M. de la Borde a compris dans le volume des *Preuves*, nous édifie complétement à cet égard. Sous la direction d'un artifte dont le nom eft par-là fauvé de l'oubli, le château & fes galeries avaient été décorés de peintures dont malheureufement il ne fubfifte rien. Mais Colard le Voleur n'était pas feulement un peintre habile, il était ingénieur, architecte, mécanicien. Il avait imaginé une foule d'engins plus ingénieux les uns que les autres, & en avait femé les jardins & les galeries du château. Ces inventions n'étaient point toutes du goût le plus délicat; mais c'était le goût du temps, & l'on en rencontrait encore de femblables, dans les premières années de notre fiècle; témoin le parc de Wefpelaer. Ainfi les gracieufes châtelaines qui fe promenaient dans les jardins du château d'Hefdin pouvaient fe trouver tout

à coup en préfence de perfonnages ingé-
nieufement machinés qui *vuident eau &*
mouillent les gens quand l'on veut, ou bien
barbouillent de noir la face de l'impru-
dent qui pofe le pied fur un reffort caché ;
d'un ermite qui *fait pleuvoir tout par-*
tout & auffi tonner & néger & auffi efcle-
ter comme fi on le voyoit au ciel. Un
jeune page cherchait-il un abri contre la
pluie ou le foleil, une trappe bafculait
& le précipitait dans un fac d'où il fortait
tout emplumé. Des rois, des reines ont
goûté ces plaifirs, & l'augufte époufe de
Louis XI, dans le féjour qu'elle fit à Hefdin, a pu reffentir les furprifes que fai-
faient éprouver aux perfonnes de fon
fexe les jets cachés qui *mouillent les da-*
mes par deffous. Ces fortes de gentil-
leffes ont eu longtemps le privilége de
beaucoup divertir nos bons aïeux.

Il n'eft point furprenant que les rois
de France aient convoité un féjour auffi
enchanteur ; il ne l'eft pas davantage que
Charles-Quint eût éprouvé le défir de le

reprendre à fon tour, dût-il, pour rentrer en poffeffion de cette partie du ꞌdomaine de fes pères, s'expofer à devoir détruire la ville & le château, ce qu'il fit.

III

Quel eft le véritable nom de l'auteur de ce livre ? Cette queftion paraîtra fingulière, puifque lui-même l'infcrit au titre de l'édition latine qui porte les mots : *Jacobo Bafilico Marcheto*, & à celui de la traduction françaife, où on lit : *Par Jacques Bafilic Marchet*. M. Alex. Henne, dans fon *Hiftoire du règne de Charles-Quint en Belgique*, le range parmi les écrivains belges [1]. Le P. le Long, dans l'ouvrage cité plus haut, n'indique point fa nationalité, il lui confacre quatre lignes qui font connaître les derniers événements de fon exiftence vagabonde & fa fin tragique [2]. Jérôme Hennings de Lunebourg,

1. Tome V, page 42, note au bas des pages 42 & 43.
2. « Cet auteur, après avoir mené une vie auffi cri-

dans fon livre intitulé *Quarta monarchia
continens fereniffimorum regum Hifpa-
niæ, Ungariæ vicinorumque familia-
rum, &c.* (Magdebourg, 1598), nous
explique & fa nationalité & l'origine du
nom de Marchetus en ces termes : « Jacobus, qui & Heracliden & Bafilicum fe
nominavit, natione Græcus ab antiquis
Regulis Walachiæ genus fuum repetivit,
feque infularum in Ægæo Sami defpotam, Parique Marchionem nominavit.
Pulfo Alexandro fucceffit in Moldavia &
Walachia beneficio Alberti Lafci, Phi-
lipponij & Laffocij Polonorum. Anno
Chrifti 1561, profufis largitionibus a So-
lymanno impetravit tandem, ut in occupato Moldaviæ principatu pro more confirmaretur. A fuis Walachis hominibus
improbis fraude circumventus, occiditur

minelle que vagabonde, fe fit reconnaître pour Vaï-
vode de Valaquie, & fut affaffiné par fes fujets, le
5 novembre 1563, un peu moins de deux ans après
qu'il fe fut rendu maître de cette principauté. » *Bibl.
hift. de la France,* page 228, tome II.

5 IX^bris An. Ch. 1563. Princeps Græcè, Italicè, Gallicè & Latinè doctus, moriturus Walachis libera oratione beneficia sua exprobravit, & Deum vindicem precatus est, vultu liberali, statura non magna, robusto corpore, capillo nigro, lingua diserta » (page 409). C'est donc d'un titre de marquis que lui avait conféré l'empereur qu'il s'était fait un nom patronymique.

Jean Leunclavius, qui avait connu l'aventurier, en parle plus longuement.

« C. 1561. Anno DCCCCLXVII Jacobus quidam, natione Græcus, qui & Heraclidis, & Basilici cognomen usurpans, ab antiquis Valachiæ regulis genus suum repetebat, seque insularum in Ægæo, Sami Despotam, Pari Marchettium sive Marchionem vocabat, apud quosdam Poloniæ proceres, quibus innotuerat, tantum efficere potuit, uti complurium corrogatis auxiliis, inter quos principes erant, Albertus Lascus, Philippovius, Lassocius, in Moldaviam armata manu deduceretur.

Erat tum ejus regionis princeps, cum titulo Defpotæ, Alexander; ob inauditam quamdam immanitatem erga fuos infamis. Hunc numerofo inftructum exercitu, Lafcus longe copiis impar, fundit, fugat, Moldaviæ regno pellit : totamque ditionem, armis domitam, Jacobo poffidendam tradit. Victus prælio fuit tyrannus Alexander die XVIII novembris. Jacobus Moldaviæ defpota factus profufis apud Portam largitionibus, a fultano Soleimane impetravit ut in occupato principatu pro more confirmaretur. »

« C. 1563. Anno DCCCCLXIX, Jacobus Defpota fuis a Valachis, hominibus improbis, fraude circumventus, ut elabi non poffet, die V novembris occiditur. Hoc memorabile, quod moriendum fibi videns, nullum abjecti animi fignum dedit : fed inductus amictu regio, vultu intrepido, oratione libera, bene recteque geftam ab fe rempublicam, multaque fingularia beneficia Valachis fuis exprobravit; Deum precatus vindicem, uti

perfidiam & ingratitudinem barbaræ gen-
tis ulcifceretur. Equidem adolefcens ho-
minem vidi & novi prius, quam in Polo-
niam proficifceretur. Vultu præditus erat
liberali, ftatura non magna, robufto tamen, nervofoque corpore, capillo nigro,
lingua diferta. Rebus in omnibus quamdam præ fe ferebat dignitatem. Norat
fane quam eleganter Græce, Latine, Ita-
lice, Gallice. Commemorari & alia de
hoc poffent, quibus fuperfedendum, quod
hujus non fint loci. »

*(Annales fultanorum Othmanidarum
a Turcis fua lingua fcripti, &c. Joannes
Leunclavius latine redditos illuftravit
& auxit ufque ad annum MDXXCVIII.
Francofurti MDLXXXVIII. Pag.* 104.)

Ce récit fe trouve prefque en entier
dans un livre imprimé à Bruxelles, en
1728, chez Jean Van Vlaenderen, près
de la Steen-Porte, à Saint-Bernard, fous
le titre : *Les impofteurs infignes, &c., &c.,*
par Jean-Baptifte de Rocoles, hiftoriogra-
phe de France. On y lit : « Leunclavius,

dans fon fupplément des annales turques, met fur le tapis cet homme, qui *(fic)* raconte l'avoir vu & connu, & dit qu'il avoit une mine fort noble, qu'il étoit d'une taille médiocre, d'un corps fort robufte & nerveux, qu'il étoit difert dans fes difcours, & qu'il poffédoit fort bien les quatre langues, la Grecque, Latine, Italienne & Françoife. Il fe nomma Jacques Heraclide & Bazilidez, fe difoit être de la race des anciens Defpotes ou Vaivodes de Valachie & Moldavie, feigneur de l'île de Samos, & *Marchet* ou *Marquis* de celle de Paros en l'Archipel. Il trouva des feigneurs Polonois affez crédules pour ne pas paffer pour impofteur dans leur efprit, lefquels furent tellement portés d'affection pour fa perfonne qu'ils l'établirent, les armes à la main, Defpote de Moldavie & de Valachie. Les principaux de ces feigneurs Polonois furent Albert Laffeus, Philipponifchi & Laffochi : leur armée étoit fort inférieure en nombre à celle d'Alexandre Defpote, qu'ils entrepre-

noient de dépouiller pour mettre cet impofteur à fa place. La victoire fut de leur
côté, Alexandre fut chaffé & Jacques éta-
bli Defpote & confirmé en fa principauté
par l'empereur Soliman, par le moyen de
préfents qu'il fit au Pacha de la Perfe.
Cette victoire arriva le 18 novembre de
l'an 1561. Mais trois ans après, quoiqu'il
gouvernât affez doucement fes fujets,
étant foupçonné d'être impofteur, les Va-
laques le maffacrèrent de fang froid. Il
prit les ornements de fa dignité, fe pré-
fenta à la mort, & leur fit de grands re-
proches de leur cruauté. »

Cette fin le réhabilite un peu ; mais
tous ces hiftoriens font bien peu ren-
feignés fur la partie de l'exiftence de cet
homme à laquelle fe rattache le livre dont
nous nous occupons. Cette exiftence cri-
minelle dont parle le P. le Long, refte
un myftère. Comment un pareil perfonnage avait-il un commandement dans les
armées de Charles-Quint? Quel rôle
a-t-il joué dans notre pays? Comment

avait-il obtenu la protection de l'empereur? Il avait des détracteurs à la cour,
il en convient dans l'épître qu'il adreſſe à
Philippe II en lui dédiant ſon livre. Il ne
nous a pas été donné de percer le voile
épais qui couvre la première partie de la
vie de cet aventurier. Hammer, qui avait
à ſa diſpoſition les archives impériales de
Vienne pour écrire ſon hiſtoire de l'empire ottoman, n'a utiliſé que les documents qui ſe rapportent à la période de
la vie de Jacques Baſilic qui eut les prin-
cipautés danubiennes pour théâtre. C'eſt
la biographie la moins incomplète que
nous puiſſions mettre ſous les yeux de nos
lecteurs. Nous empruntons la traduction
de M. J.-J. Hellert, publiée à Paris,
en 1836.

« Pendant ces démêlés ſur les fron-
tières de Hongrie, des événements d'une
plus grande importance ſe paſſaient en
Moldavie. Le prince régnant de ce pays,
Alexandre, en fut expulſé par un aventurier, qui, d'abord ſoutenu ſecrètement

par Ferdinand (empereur des Romains),
finit par être publiquement reconnu par
la Porte. Jean Bafilicus, né à Candie,
d'un capitaine de navire, fut adopté par
Jacques Heraclides, qui s'était arrogé le
titre de defpote de Samos, Paros & autres
îles de la mer Egée. En vertu de cette
adoption, l'empereur Charles-Quint non-
feulement reconnut Bafilicus comme defpote de Samos & Paros (poffeffions fur
lefquelles cependant lui-même n'avait
aucun droit), mais encore il le fit palatin
& lui conféra le pouvoir de nommer des
docteurs, des protonotaires & des poëtes
couronnés. Bafilicus entretint une corref-
pondance avec Mélanchthon ; il publia à
Wittemberg un ouvrage hiftorique en latin, & éleva, avec le confentement de
l'empereur, quelques poëtes au rang de
poëtes couronnés. Il fe rendit enfuite, par
la Pologne, en Moldavie où il fe fit paffer
d'abord pour un parent de la princeffe
Roxandra, époufe du prince régnant.
puis pour un defcendant des Héraclides,

ancienne dynaftie de princes moldaves, en produifant, à l'appui de cette prétention, un arbre généalogique qu'il avait lui-même fabriqué. Cependant, forcé de s'enfuir, il fe retira en Pologne chez Albert Lafcrky, palatin de Siradie, qui lui avança dix mille ducats pour lever des troupes. Il échoua dans fa première tentative contre le trône de Moldavie, mais il réuffit dans la feconde, qui fut foutenue fecrètement par Ferdinand (10 novembre 1562)[1]. Accompagné de feize cents cavaliers, il parvint, après quelques efcarmouches, à expulfer le voïévode Alexandre. Le grand vizir Ali-Pacha reprocha cette invafion à Bufbeck, & le fultan s'en plaignit par une lettre autographe, que le tfchaoufch Mohammed porta à Prague, & à laquelle Ferdinand répondit par d'autres récriminations. Alexandre s'était réfugié à Conftanti

[1]. « Litteræ Cæfaris ad Jacobum Bafilicum Heraclidem, defpotam Sami, Paros & Moldaviae voivodam. Pragae, 3 februarii. » Aux Archives I. R.

nople ; mais il y était venu les mains vides, tandis que les envoyés de fes adverfaires s'étaient trouvés en mefure d'offrir à la Porte quarante mille ducats au lieu du tribut ordinaire de trente mille ; grâce à cette augmentation, Bafilicus fut reconnu voïévode de la Moldavie & invefti par un tfchaoufch ottoman du chapeau & du glaive, de la maffue & du kouka. Bientôt, un autre tfchaoufch lui apporta l'ordre de congédier une partie de fes troupes étrangères & de les réduire à trois cents lanciers hongrois & à trois cents gardes du corps. Le voïévode fe foumit de fi bonne grâce à cet ordre, qu'il fut foupçonné de l'avoir lui-même provoqué. Mais cette mefure ne contribua pas à le rendre populaire, non plus que les exactions fans nombre qu'il commit pour remplir fon tréfor, & les innovations avec lefquelles il bouleverfa les anciennes coutumes du pays ; c'eft ainfi qu'il prit un grand candélabre d'argent à un couvent pour en faire de la monnaie, qu'il impofa aux habitants une contribution d'un ducat par tête, qu'il apporta des reſtrictions à l'uſage généralement reçu du divorce & punit la bigamie de mort; d'un autre côté, il appela les Allemands Sommer & Gaſpard Peucer, gendre de Mélanchthon, pour organiſer une école, & fonda une bibliothèque. Il fit répandre le bruit par ſes affidés qu'au matin du jour de Noël, trois anges portant trois couronnes d'or lui étaient apparus, comme préſage de ſa domination future ſur trois royaumes (la Moldavie, la Valachie & la Tranſylvanie); lui-même ſe mit ſur la tête une couronne d'or & changea ſon nom de Jacques contre celui d'Ivan, plus populaire en Moldavie. Cependant les boyards, revenus de leur effroi, complotèrent l'aſſaſſinat des ſoldats hongrois & des colons allemands, appelés malgré eux dans leur pays. Ils réuſſirent à faire partir les premiers pour la frontière, en répandant la fauſſe nouvelle d'une invaſion des Tartares; les ſeconds, pour la plupart ou-

vriers tirés du fond de l'Allemagne, furent
fimultanément affaffinés par tout le pays.
La fille naturelle du defpote fut tuée dans
fon berceau, fa mère reléguée dans un
couvent; les femmes des partifans d'Ivan,
qui s'étaient enfermées avec lui à Suczawa, furent toutes maffacrées; des Ar-
méniens, coupables feulement d'avoir prié
pour fon falut, furent pourfuivis avec un
acharnement implacable. Les trois chefs
principaux des conjurés, Bernowsky, Moc-
zog & Stroitza, conférèrent la couronne à
un certain Tomza, ancien infpecteur des
magafins du defpote. Celui-ci, craignant
la rivalité de Démétrius Wifchnjewetzki,
hetman des cofaques, l'attira dans le pays,
le fit prifonnier ainfi que fon lieutenant
Piafek, & les envoya tous deux à Conftan-
tinople, où ils périrent fur le gibet. Au
troifième mois du fiége de Suczawa, un
fandjak turc arriva avec cinq cents hommes,
& fomma le defpote de fe rendre, en lui
offrant un fauf-conduit. Bien qu'il fe
méfiât de cette propofition, Ivan fe vit

contraint de l'accepter par les démonſtrations menaçantes de la garniſon de la place. Après avoir en peu de mots reproché à ſes troupes leur lâche parjure, il monta à cheval & ſortit de la ville. Conduit devant Tomza, celui-ci le tua d'un coup de maſſue (9 novembre 1563). »

Ces mêmes événements ſont racontés avec quelques détails nouveaux dans un ouvrage publié à Paris, en 1844, *La Romanie, ou hiſtoire, langue, littérature, &c., des peuples de la langue d'or, Ardialiens, Vallaques & Moldaves, &c., par J. A. Vaillant, fondateur du Collége de Bucureſci, &c., &c.*

On y lit cette appréciation du tyran Alexandre détrôné par notre aventurier. « Déjà dans toute la Moldavie ce n'eſt plus que ſang, larmes, miſère, déſeſpoir, anathèmes ; on ne voit plus de tous côtés que des malheureux, errant à l'aventure, ſans pouvoir toujours tendre la main à la pitié publique ; des hommes étendus ſur la route, les mains & les pieds coupés, des femmes, des enfants, fans nez & fans oreilles, des aveugles auxquels le bourreau vient de crever les yeux. Partout des martyrs qui ont préféré la mort à l'apoftafie. Tant d'horreurs femblent rendre la route facile à qui veut parvenir au trône. »

Le règne de Jacques Bafilic eft jugé très-favorablement par cet écrivain. « Du jour de fon inftallation, il ne fe paffe pas un inftant qu'il n'emploie au bien du pays. Après avoir rétabli l'ordre, il fonde à Cotnar une univerfité & une bibliothèque, appelle auprès de lui Gafpar Peucer, gendre de Mélanchthon, le Marshal, Zomar & Joachim Retice, profeffeur de mathématiques à Cracovie, & femble vouloir faire comprendre au pays que, las de la guerre & des maffacres, il doit en chercher l'oubli dans la paix & l'étude. Mais les boïers, livrés tout entiers à leurs jaloufies de famille, à leurs haines de partis, lui laiffent à peine le temps de commencer fon œuvre; entraînés par les difcours féditieux du hatman Toms'a

(Thomas), ils excitent, à leur tour, le peuple à la révolte, & le peuple, féduit par leurs menfonges, fe porte en foule au palais en pouffant des cris de mort. »

Les détails de la mort du voïévode ne font pas en tout point conformes à ceux qu'on lit dans l'ouvrage de Hammer. « A la vue d'un fi grand danger, Jean Bafile conferve toute fa préfence d'efprit, & voulant mourir en prince, revêt les infignes de fa dignité & reçoit les affaffins avec une attitude ferme & impofante. »

N'eft-ce pas là un perfonnage digne d'être recommandé aux romanciers? Un vafte champ eft ouvert à leur imagination pour remplir les nombreufes lacunes de cette hiftoire. En réfumé, ce Bafilic, ce Marchet, cet Ivan était un des nombreux condottieri que les princes belligérants prenaient à leur folde. Il y en avait d'autres dans l'armée de Charles-Quint & dans celle de fon adverfaire qui ne valaient guère mieux, bien qu'ils portaffent des noms devenus illuftres.

NOTES

—

TUÉS ET PRISONNIERS A HESDIN.

Les détails fur la prife de Térouanne & de Hefdin ne manquent point. Sepulveda, entre autres, confacre feize chapitres à ces deux faits. M. Danvin donne, à propos de Hefdin, une lifte des officiers efpagnols affiftant au fiége, celle des prifonniers faits dans le château, celle des Français de diftin&ion tués, &c. Ces liftes, dreffées par l'auteur en opérant le dépouillement des fources hiftoriques, font néceffairement très-fuccin&es. Nous publions ici, d'après le mft. nº 13563 de Bruxelles, une nomenclature beaucoup plus importante & que nous croyons inédite. Du moins elle n'eſt citée ni par M. Danvin, ni par M. Henne dans ſon *Hiſtoire du règne de Charles-Quint,* l'un des travaux d'érudition les plus conſidérables que la Belgique ait produits. Cette liſte peut offrir quelque intérêt pour l'hiſtoire des familles.

Ceulx qui ont eſté tuez en Heſdin.

Horace duc de Caſtro. Le ſeigneur du Hourdille. Le ſeigneur de Dampierre. Le ſeigneur de Vifargent. Le ſénéchal de Caſtries. Le ſeigneur de la Buiſſière. Le ſeigneur de Margny. Et aultres gentilzhommes juſque au nombre de CV. Et auſſy l'on eſtime que trois cens ſoldars y ont ſemblablement eſté tuez.

Seigneurs priſonniers trouvez au chaſteau de Heſdin.

Le maréchal de la Marche, chev. de l'ordre & lieut. du Roy.

Le comte de Villers, auſſi chev. de l'ordre.

Le vicomte de Martigues, ſavoyen.

Le ſeigneur de Ryoul, gouverneur & capitaine de Heſdin.

Le ſeigneur du Pont, conterolleur de l'artillerie du Roy.

Et plufieurs aultres particuliers gentilzhommes defquels l'on ne peult encore fçavoir
les noms.

S'enfuyvent les noms des gentilzhommes quy
fe trouvent avoir efté enfermez à chafteau de
Hefdin & font tous prifonniers.

Premiers de la compaignie ou mayfon du marechal de la Marche.

Hommes d'armes & gentilʒ hommes domeftiques.

La Porte gentilhomme.	Jehan de Ville Longue.
Philippe filz du Sʳ Dantibo.	Charles de Fretel.
Jacques des Ortyes.	Jehan de Lannoy.
Jacques de Mariffal.	Robert de Mombron.
Pierre de Noire fontaine.	Varaffieu.
Charles Buvelier.	Adrien de Cuvilliers.
Franchois de Proizy.	Fonteynes.
Claude Charle.	Hercules de Mantue.
Anthoine de Malortye.	Andrieu de Villar.
Claude de Lommer.	Anthoine de la Haye.
Pierre Buffy.	

Archiers de la dite Compaignie.

Anthoine de Rouffy.	Eftienne de Chardonne.
Charles Dannois.	Nicolas de Gondrieu.
Franchois de Meere.	Choify.

*Hommes d'armes de la Compaignie de Monfʳ de
Villers.*

Loifin.	Ciche.
Prifchateau.	Pontan.

Marigny.

Philibert de Mixon.

Guillaume de Bagny.

Monſʳ de Mendion, guidon.

Labourdillerie.

Andrieu de Bourde dit la Tour blanche.

Monſʳ de Prie, lieutenant.

La Riviere.

Vauze, mariſſal des logis.

Villequire.

Braſt.

La Monte morgnon.

Buiſſon.

Grandvale.

Crevencœur.

Bourlant.

La Varenne.

Jehan du Verne.

Jehan de Monſeira.

Vezin.

Longny.

Le petit Broch.

Franchois Chapeau.

Pleſſy.

Nom.

Jehan de Bellefond.

Verduſon.

Sᵗ Julien.

Morſure.

Venze.

Carouzin.

La Riviere.

Archiers de la dite Compaignie de Monſʳ de Villers.

Tallonge.

Jehan de Pertraiche.

Paignar.

Pleiſſi.

La Baverye.

Eſtienne de Mourmorillion.

Gabriel Bal.

Franchois de Queries.

Pierre de Pleſthuy.

Jehan de la Dugne.

Violet.

Thurmont de Forge.

Adrien Leveſque.

Proch.

Miners.

Glaude de Cite.

Angolie Pleſthuy.

Benedic.

Aſſau.

Jehan de la Monte.

Proch Gaddy.

Huygart.

Franchois de la Roche.

Beaurepers.

Alexandre de Boutet.

Jehan de Mareille.

Franchois de Bourghes.

Labuariere.

Claude de Maſſam.

Godmar.

Franchois de Minte.
Remery Chaftelier.
Baffompierre.
Jacques du Verne.
Jacques de Vorion.
Gabriel Doton.
Popieliere.

Marcq Anthoine St Julien.
René de Luffart.
Jehan du Plefchy.
La Voye.
Jehan de la Corne.
Pretan Yzory.
Pierre de Chaulbon.

Hommes d'armes du Sr d'Eftampes.

Hector de Lantar.
Charles de Bourge.
Franchois Dachier.
Claude de Luchat.
Pierre de Greca.
Bodupyn.
Franchois Dargy.

Jehan de la Buiffie dit la
    Couflure.
Geofroy de Chambin.
Gillebert de Montenlequier.
Gille de Banchy.
Blauette.
Jehan Gaffion.

Archiers de la dite Compaignie d'Eftampes.

La Coyne.
Jacques de Briol.
Theodor du Borcq.
Legier Fancere.
Simon Vy.
Pierre Fongero.
Baubry.
Anthoine de Thorigny.
Baftard du Pont.
Noiere.
Loys de la Val.

Jacques de la Villaterie.
Bernard de Berchon.
David le Brun.
Jehan de Neufeglife.
La Couflure.
Gilles de Amer.
La Caffe.
Claude de Laverie.
Jehan Gaffion.
Hugues Gaffion.

Gentilz hommes domeftiques au duc de Caftre.

Charles de Parine.
Jacob Anthonio.

Turcquato Romano.
Vicimo Vofino.

Tonelle Grefone.
Horaceo Colecoto.

Des Vaulx.
Petro Marya.

Le Cap^ne Cherff eſt auſſi priſonnier.

Gentilʒ hommes ſoubʒ ledit Cap^ne Cherff.

Eude.

Villevenne.

Soubʒ le Sr de Broul.

Bournanelle, lieutenant.
Anthoine Deſmaretz.
La Verne.
Popincourt.

Villers.
Des Marcques.
La Pierre.

Gentilʒ hommes venus pour leur plaiſir.

Le Jeuſne Jeuler.
La Treille.
Perignol.
Pierre de Duran.
Belleforriere le Joſne.
Sebaſtien Chabrillan.
Baltaſar de Venton.
Chanlae.

Louys de Malortye.
La Roche.
La Borderriere.
Loys de Matan.
Jehan Deſmaretz.
René de Sougart.
Le Jailve (?) du pays Dauton.

Le Cap^ne La Vit.

Soubʒ le Cap^ne La Vit.

La Vit filz & enſeigne
  au Cap^ne La Vit.

Jehan Charles.

Pluſieurs autres gentilz hommes & cap^nes.

Jehan Regard enſeigne du Cap^ne Regard.

Bertemont qui eſtoit venu pour avoir plaiche d'archier ſoubz monſeigneur Dortigue.

Jehan Deton, enfeigne de Maugeron.

Loys de Sainct-Marq, chev. légier du prince Conde.

Pierre de Chergi, enfeigne du capitaine Fauche.

Capitaine Simon, lieutenant du capitaine Verragies.

Jehan Senemont, commiffaire extraordinaire de l'artillerie.

Loys Vatel, chev. légier du prince Conde.

Jehan de Verne, chev. légier de monfeign. de Sanfacq.

Le capitaine Fauchet.

Le lieutenant de Maugeron.

Jacques le Cœur, lieutenant du prévoft.

Rotemyu, gentilhomme fimple foldart.

Jehan de Marget, gentilhomme fimple foldart de la compagnie de Neeral.

Jehan de la Mayfon Neuve, chev. légier de Sanfacq.

Chambelant, gentilhomme fimple foldart.

Cobyn, chev. légier de la compaignie Damolle.

Senfuyvent les noms d'aulcuns prifonniers venus à cognoiffance depuis le rolle envoyé à fa Maiefté.

Nᵃ. qu'il en a icy aulcuns qui avoient changie leur nom & aulcuns qui eſtoient mis pour archiers & ſont depuis trouvez hommes d'armes.

Petamo de Bogero, gentilhomme au duc Caſtre.

Julio de Sena, gentilhomme aud. duc.

Horacio Forlano, gentilhomme aud. duc.

Le Beggue, ſergent du capitaine Cherff.

Courſelle, gentilhomme aud. Cherff.

Tibault de la Foſſe, ſoubz le ſeigneur de Riou.

Eſelmen, ſoubz led. ſeigneur.

Imbert Deoloz, ſoubz led. ſeigneur.

Jehan Stet Mortepaine.

Thomas Verdin, ſoubz led. capitaine.

Lazanens du pays de Douzon, de la compaignie de Corde.

Carbenier, ſoubz le capitaine Lubit.

Jacques du Buiſſon, ſoubz Mangerie.

Le noble & vaillant Hughes de Schimbert.

Maurice Fris, homme cheualeureus.

Garcias, maréchal de la Gendarmerie.

Aux liſtes précédentes, empruntées à la réimpreſſion faite aux frais de la Société des bibliophiles de Belgique, nous ajoutons un document inédit tiré des archives de Simancas, dont une partie fut réunie aux archives de l'Empire, en 1810, lorſque les dépouilles des pays conquis affluèrent à Paris ; plus tard, ces documents ont été répartis dans les divers fonds, & la pièce ci-après figure aujourd'hui dans la ſection hiſtorique (négociations entre la France & l'Eſpagne ; dépêches des ambaſſadeurs d'Eſpagne en France ; K. 1489. B. 8).

Les noms des gentilhomes cap^nes & pourteurs denſeignes quesſtoient dedans Theroanne durant le ſiege & la prinſe que fuſlt le 10 de Juing 1553.

Monſ^r Deſſes, lieuten. du Roy en lad. ville	tué le jo^r de laſſault.
M. de Pyennes . .	tué le jo^r de laſſault.
M. de Montmorancy, fils du coñeſtable de France . . .	Priſonnier.
M. de Lontes . . .	»
M. de Warennes .	»
M. de Loches. . .	»
M. de Fumay. . .	»

Le baron de Fonte-
   nay . . . . Mort.
M. de Warey. . . ‘ »
M. de Fongrenon . »
M. de Gamache . Prifonnier.
M. de Peloux. . . »
M. de Saueufe . . »
M. de Dampierre . »
M. de Joyeufe. . . Mort.
M. de la Haye . . Prifonnier.
M. de Fontaine, m^{re}
   d'hoftel de M. de
   Montmorancy . . »
Le capitaine Sainct
   Roman. . . . . »
Le baftard de Mont-
   morancy . . . . Mort.
Le guydon de M. de
   Montmorancy. . »
Le capitaine Ferriere »
Le capitaine Foifes . Prifonnier.
Le capitaine Cadro. »
Le capitaine la Barre »
Monf^{r} de Redes, en-
   feigne de M. de
   Chaftillon. . . . »

Les noms des gros maiſtres & gentilhomes tues & priſonniers à la prinſe de Heſdin que fuſt le 19 jour de juillet 1553.

Devant diſner.

Le duc Orace Ferneze . . . . . . Tue.
Le duc Thro . . . . Tue.
Trente-quatre gentilhoẽs nobles de
    Raſſe. . . . . Tues.

Priſonniers.

Le duc de Boullon ſr deſdan grand mareſchal de France & gouverneur de Normandie.

Le comte de Villars beau‑frère du conneſtable de France fils du grand baſtard de Sauoye chr de lordre du Roy, cecy eſt mort apres dung coup darquebuſe quil euſt le jour de la prinſe de Heſdin.

Le marquis de Noelle.

Le viconte de Turamne beau fils du conneſtable de France.

Le Vydame Damyens.

Le viconte de Mareigne.

Le Sr de Ryou.

Et enuiron cent gentilhomes de petite raħson.

Et euuiron mille fouldars lefquels font en-
cores prifon.

Et furent tues le jour de la prinfe oultre CC
aultres.

CETTE ÉDITION
A ÉTÉ IMPRIMÉE AVEC LES
CARACTÈRES DE M. J. CLAYE, AVX
FRAIS ET PAR LES SOINS DE LÉON
TECHENER LIBRAIRE DEMEV-
RANT RVE DE L'ARBRE-SEC
PRÈS LA COLONNADE
DV LOVVRE A PARIS
M DCCC LXXIV